母

青木さやか

中央公論新社

もくじ

カバーイラスト　庄野紘子
扉イラスト　白岩伸介
ブックデザイン　アルビレオ

母

8月のホスピス

母がホスピスに入った。

悪性リンパ腫の抗がん剤治療を、もうしたくないという本人の意思と、祖父と同じホスピスで最期を迎えたいという本人の希望だった。

ホスピスに入る、ということは、延命のための治療はしない、と本人が判断した、ということである。ホスピスの看護師さんからは、来月はあるかもしれないけれど来年はないでしょう、と言われていた。

母がいなくなる。
嫌悪していた母が、いなくなる。
ようやく、みえなくなる。

聞かなくていい声が、聞こえなくなる。

これを待ち望んでいたのか。多分、違う。だって、母の姿がこの世から消えたからといって、わたしのこの嫌悪の感情がなくなるとは思えないのだ。きっと、この感情は、母がいなくなろうとも追いかけてきて、わたしを苦しめるに違いない。


何度も、母との確執をわたしなりに解こうとしてきた。

しかし、それは難しい挑戦だった。

ある日は表面的に優しくできても、翌日には無理だった。旅行をプレゼントして親孝行した気になり、娘を母に預けて孫との時間を与えてあげた気になっていた。

しかし、どれもこれも、わたし自身の心の奥に澱んでいる母への憎悪をなくしてくれるものではなかった。

それどころか、カタチだけの親孝行を重ねるたび、解決の難しさを思い知らされた。


8月の暑い中、わたしはホスピスに向かった。

用賀インターから東名高速道路を一人、運転する。途中、浜松サービスエリアで一度休憩をとり、ため息をついて、愛知県のはずれにあるホスピスに向かう。クルマの中では音楽を聴く気にもなれず、ナビの声とクーラーの音だけが聞こえた。行きたくない気持ちからか、追い越し車線を一度も走らず、ただひたすら真っ直ぐにクルマを走らせた。夏休みだからか、家族連れで乗っているクルマが、わたしを追い越していくのがみえた。

東名三好《みよし》インターで高速をおりる。いつも実家に帰るときは名古屋インターまで行ってしまうから、つい見逃してしまいそうになる。三好インターからの道は、ナビがなければ、ホスピスまで辿《たど》り着けない。ナビ通りに走るが、「え、こんな道であってるの?」と疑いたくなるわかりづらいクネクネとした山道を、「高架をくぐり、次の交差点を右折です」と何度も繰り返すナビの言う通りに登っていく。さっきまで、東京にいたからか、思えば田舎に来たもんだって感じで、山らしきものと道と草や木しかみえない。人も歩いていないし、クルマもたまにしか通らない。なぜか軽自動車が多く、わたしの世田谷ナンバーのピカピカした大きめのクルマはとても異質な感じがした。愛知牧場という看板がみえる。そういえば、娘とこの前ホスピスにきたとき、涼しくなったら今度は牧場に行こうね、と話していた。だけど、しばらく娘は連れてこないことにした。娘のかげにかくれて母と向き合わないのは、わたしのためにならないと思った。

あくまでも、わたしは、わたしだけのために、ここにきている。

動物愛護活動の手伝いをしている仲間たちにも、母とのこと、最近ホスピスに入ったということを伝えていた。

仲間の1人が武司さんだった。50代後半で金髪にサングラスをかけている。見た目のインパクトは相当のものだが、その中身はさらに不思議だ。全身病気なのだが、動物たちを保護する施設の土地代に、自分の腎臓移植のためにためたお金は出すわ、週に3回透析をしながら動物たちを助けるため全国どこでも自腹で行くわ、困ってる人から頼まれたらほっておかない。最初は「そんな人いるのかな？　おかしい」と思っていたが、どれほどみていても人のために全力を尽くす。そのうち、おかしいと思うわたしがおかしいのでは、と思うようになった。彼ほど平等で固定観念のない人をわたしは知らない。

あるとき、武司さんがインプラントにすると言うので、わたしは歯医者さんを紹介した。

「青木さん」

「はい」

「新しく作る歯はさ」

「はい」

「何色がいいかな？」

「はい？」

「新しく入れる、歯」

「歯、の色ですか？」

「うん」

「まあ、白、すぎると、ちょっと、そこだけ目立ちすぎるかもしれませんよね。だから真っ白というより……」

「青、はどうかな」

「え」

「青」

「あの、歯の色の話でしたよね？」

「うん」

「前歯の、色、ですね」

「うん」

「えー、前歯を青にする、ということについて、どう思うか、という質問でしょうか」

「うん」

「青じゃない方がいいと思います」

「やっぱり、そうですか」

「はい」

「赤にするよ」

「え」

「ありがとう。赤にするよ」

「ありがとう？　いえ、えーと、赤、にするんですか。あの武司さん、確認ですけど、前歯の色ですよね」

「うん」

「前歯は、白かと思いますが、わたし」

「歯は白だって誰が決めたの？」

「誰、誰って。困りましたね、これは」

「青木さん」

「はい」

「やっぱり男は、歯は、赤だろう」

彼と話しているうちに固定観念がだいぶなくなったと思ってきたが、歯は白だ、も固定観念だとするならば、もう世の中なんでもありだ。

固定観念がない人と話していると、こちらまで固定観念がなくなってくるから不思議である。

こんな調子で奇抜な服装に奇想天外な発言をするからか、「変わってる」と言われたりすることもあり、わたしは胸を痛める。過去には、詐欺にあったり変なウワサを立てられたりしていた。しかし武司さんは、その人たちにも申し訳ないことをした、と言う。意味がわからないが、本気でそう言う。

「武司さん、なんか変わってるって言われるのも嫌じゃないですか、ちょっと普通の感じにしてみませんか？」

わたしは、心配からつい口を出した。

「俺って、変わってるんだよ」

「まあ、はい。まあ、そうですね。だけど、よく知らない人にいろいろウソ言われるの嫌じゃないですか」

「言われてるうちが花だよ」

「はい?」

「俺が、もっと、頑張るよ」

「はい?」

「頑張ります」

理解不能だが、この人は信頼ができる。平等で優しい。母とのことも話してきた。

「青木さん」

「はい」

「お母さんは大事にしな」

「そうおっしゃってますよね〜、だけど、うーん」

「これが最後のチャンスじゃないかな」

「親を大事にするのは固定観念、いや、違うか、そりゃ違いますよね、ははは」

「親を大事にするのはね」

「はい」

「道理、なんだ」

「道理」

「世の中には、道理があるんだ。親孝行すれば、自分がラクになれるよ」

「そう、なんですかね」

「そういうもんだから」

「あー、でも、わたしがこう言ったら、きっとこうかえってくる、とか思っちゃうな。言ってきますしね、絶対。そうすると、わたしも冷静でいられないから、ある程度距離とった方がお互いのためかなーとか、ははは」

「自分が変われば、相手も変わるよ」

「わたしがですか？」

「うん」

「わたしからですかあ、いや、こんな風に言うのあれなんですけど。まあ正直に言うと、母が悪いって思っていて。わたしが、わたしから。うーん。いや、歩みよったんですよ、何度か。いや、本気で歩みよってないのかな、わかんないですけど」

「世代交代じゃないの」

「世代交代、ですか」

「ある時期がきたら世代交代するんじゃないの」

「まあ、はい」

「親って、すごいんだ」

「はあ」

「気づいた方がやればいい。どっちが悪いとか、いいじゃん、そんなの」

「はあ、まあ、はい」

「仲がいいって、いいもんだよ」

「それはそう思います、そう思うんですよ、わたしでも」

「どんな親でも、親は親なんだ」

「頭では、わかってるんですけどね、心が、なかなか」

「できるよ、やればいい」

とてもシンプルな話だった。

できるのかな。

不思議と、できるような、気がした。

やらなきゃ。というより、
やりたい。


そんな思いで、ホスピスにきたわけだが、あんなに強い思いも、ここにくると心が折れそうになるのだった。

ホスピスの駐車場は、8台くらいとめられる小さな砂利の駐車場だった。1台分が軽自動車くらいの幅しかなくて、軽自動車率が高いのかな、それにしてももう少し広くとりなさいよ、とイライラした。不安定な砂利の上で、わたしは何度もクルマを切り返し、慎重に線の中にクルマを入れた。

外は灼熱《しゃくねつ》で、ジリジリという熱の音が聞こえてきそうだった。エンジンをとめるとあっという間に汗をかいた。すぐに部屋に向かう気になれず、もう一度エンジンをかけた。バックミラーに白亜の2階建てのホスピスがうつっていた。ここは祖父も入っていたホスピスで、当時はわたしも何度も通っていた。古い建物ではあったが、しっかりと管理されていて、品が良かった。ホスピスに向かう石畳の脇には、多くの植物や花が植わっていたが、生き生きとしていて、この熱さの中、水やりを欠かしていないことがみてとれた。しばらくすると、ホースを持ったおじさんが、水やりを始めた。もうすぐ16時だというのに、夕方の気配は全くなかった。おじさんは、花や木になにかを話しかけながらホースで水をやっていて、石畳にも打ち水をした。白っぽい石畳はグレーに染まったが、おじさんが居なくなったらすぐに白に戻り始めた。

わたしは、一番駐車場に近い2階の端の部屋をバックミラー越しにみた。窓は閉まっていて、カーテンは半分あいていた。

えいっ、とエンジンを切った。えいっと声も出してみた。朝から一人だったから、久しぶりに声を出した気がした。自分が思っているより声が出なくて、母の前で急に声を出さなくてよかった、と思った。

もう一度、えいっと言ってクルマから降りると、想像よりずっと暑かった。暑いというより、息できないと思うほどの熱風で、今朝からなにも食べていないことを思い出し、早く建物に入らないと熱中症で倒れてしまう、と少し焦った。後部座席のドアハンドルに手をやると、火傷《やけど》しそうなほどに熱かった。

娘が書いた手紙、娘のテスト、娘の写真、お土産の千疋屋《せんびきや》のゼリーを急いで後部座席から取り出し、小走りで建物に向かった。

1階に入ると、左奥にエレベーターがある。その手前に階段もあるが、わたしはほとんどエレベーターを使った。2階に上がると目の前に広いナースステーションがあった。

看護師さんたちは愛想がよく、にこやかに迎えてくれた。

「お姉さん、ちょっといいですか？」

看護師さんに声をかけられた。こちらでわたしは「お姉さん」と呼ばれていた。

とても丁寧なホスピスだと聞いてはいたが、大体毎回、わたしが行くと様子を尋ねてくれた。家族のメンタルや体調なども気遣ってくれた。

ナースステーションの前にはテーブルと椅子がいくつか置いてあり、わたしは窓の方を向いて座った。部屋の隅にはピアノが置いてあり、窓からはわたしのクルマがみえた。心地よい空間だった。夕飯を準備しているのか、時折、食器のかちゃかちゃという音が響いた。世間の雑踏とは無縁の世界にいた。

「東京からですか?」

「はい」

「大変でしたね~」

「いいえ、結構すいてました」

「お車ですか?」

「あ、はい」

「えー大変!」

一度新幹線と電車できてみたこともあるのだが、最寄りの駅に着く電車の本数も少ないし、そこからのバスの本数のあまりの少なさに、一生辿り着けないんじゃないか、と駅からホスピスまでヒッチハイクした。それはそれで楽しかったが、大変な時間がかかった。それからは、毎回クルマにしている。

「お母様ですけど」

「はい」

「落ち着いていらっしゃいます」

「ありがとうございます」

「絵手紙もまたやってみようかな、って」

うちの母は、絵手紙が趣味だった。毎日のように封筒に何枚も絵手紙を入れて送ってきた。白い63円の葉書の裏の中央に、季節のフルーツや花の水彩画があり、まわりに筆で一筆書いてあった。書道が得意な母らしく、美しく、真っ直ぐで、そして崩し過ぎない読みやすい文字だった。

封筒の宛名をみて、「さやか」というわたしの名前は、古今和歌集からとったのだということを思い出した。

母は、国語の教師だったので、文章を書くのも本を読むのも文学にふれることも、とても好きだった。

そんな母からの絵手紙は、娘が「またおばあちゃんからきたよ!」というほどよく届いていたが、最近は全くなくなっていた。だからわたしも、ポストを開けない日が増えて、だらしないわたしの家のポストは郵便物がパンパンになっている。

「元気になってきたんですね、ありがとうございます」

「いま、安定していて、これがどれくらい続くかはわかりませんが」

「はい」

「いまが一番しっかりとお話できて、いいお時間だと思います」

「はい」

「お母様が、お姉さんがいつ来るんだって、私には教えてくれて」

「そうなんですか」

「カレンダーに丸をして」

「ええ」

「遅くなると、何かあったのかと心配なさって」

わたしは、いつも大体の時間を伝えて、いつも自分の時間で動く。母の心配をよそに。ベッドで待つ母に申し訳ないことをしたと思った。

「お母様、何十年も日記をつけていらっしゃるんですね」

「ね、いまも書いてるんですね」

「みせてくれるんですよ、お姉さんがどのテレビに出た、とか、感想が書いてありました」

それは感想というより、評価だろうなぁと引っ掛かりながら、それでも母は楽しみにしていたのだなあと、この看護師さんを通して知ることができた。

「今日も、『娘がくるの』と教えてくださいました、何度も」

「そうですか」

「お姉さんは、大丈夫ですか？」

「え」

「なにかお困りのこととか、心配事とか」

「わたしは、大丈夫です。何もないので。母を、よろしくお願いします」

わたしは、もちろん大丈夫じゃないのだが、優しい声かけでもよく知らない方に現在進行形の問題を吐露できるほど無邪気ではなかった。


ありがとうございます、と看護師さんに頭を下げて、母の病室に向かった。

ナースステーションから一番奥の母の部屋までは真っ直ぐで、30メートルくらいしかなく、それぞれの部屋からは静かな音と息づかいが聞こえてきた。ここでは大きな声や物音は聞いたことがない。

あたたかくて静かでゆったりとした空気と音だけが聞こえる。急げば5秒で着きそうな距離を、足音を立てないようにかかとから丁寧に床につけて歩き、口角を上げて顔を笑顔に整えた。

ドアの前に立ち、「できる、やればいい」と心に強く思った。

ドアは、全部閉まらないように布でできたニワトリのドアストッパーが挟まっていた。

わたしは、少し開いている部分に右手をかけ、ドアを開けた。

「こんにちは」

母はベッドに横になっていたが起きていて、こちらをみて、

「こんにちは」

と言った。

「どうですか？」

わたしは言った。どうですかもなにもないもんだが。

「うん。今日は点滴が1回で入って」

「よかったね」

卓上カレンダーをみると、今日の日付に赤で丸がついていて14時と書いてあった。すでに16時を回っていた。

「これ、おばあちゃんに渡してだって」

わたしは、紙袋から娘の書いた手紙とテストと、娘が友達とうつっている写真を取り出して渡した。

「90点だったからみせたいって」

できたらみんなの幸せのために100点のテスト用紙を持ってきたかったが、これが一番いい点数のものだった。


娘は、この答案用紙を持って帰ってきてこう言った。

「ママ、90点って、すごくない？」

「ほんと、すごいよ」

「よくできたよ、この科目」

「じゃあ、これおばあちゃんに持ってくね」

「えー」

「なに」

「もっとできたでしょって言われそう」

「だよね」

「おばあちゃん、きっと言うよ」

「じゃあ100点の、ない？」

「ないよ」

「じゃあ仕方ないじゃん」

「まあね」

「ねえ」

「なあに？」

「おばあちゃんにさ、テストとかお勉強褒めてほしくなかった？」

「どーゆーこと？」

「いや、テスト、おばあちゃんに褒めてほしいなって、ママは思ってたからさ」

「まあね、イヤなときもあったけど、だけど、おばあちゃんみたいな人がいると、もっと頑張れるよ」

「へえ」

「おばあちゃんといて、頭良くなったもん」

「いいじゃん」

「おばあちゃんって、そういう人だから」

「なるほど」

「ママは、なんにも言わないから、勉強しろとか」

「いいじゃない」

「まあね、それがママだからいいんだけどさ、自由で」

「そうでしょう」

「だけど、ママといても勉強できるようにならない」

「いいじゃない、できなくても。いいのよ、できなくたって」

「私は勉強できるようになりたいから。ママといても、それはむり」

あら、そうですか、そいつはすいませんね、と言いながら、娘のような母の見方もあるのだな、と思ったし、反面教師にして自由こそ素晴らしいのだというわたしの子育てに、文句をつけてきた娘をみていると、親の心子知らず。それは、わたしでもあったらしい。

母は、わたしに、「勉強しなさい」と押し付けた。

わたしは、娘に、「勉強なんてしなくていいのよ」を、もしかしたら押し付けているのかもしれない。

90点のテスト用紙をみて、母は、「この子ならもっとできる」と言った。やはり、言ったけど、わたしは普通に母の話を聞けた。

そして、写真をみて、

「大きくなったね」
と言った。

「千疋屋さんのゼリー食べる?」と聞くと、母は食べないと言ったからわたしはそのまま冷蔵庫に入れた。母は、冷蔵庫の一番下に入れて、と言った。母の几帳面《き ちょうめん》さはホスピスでも変わらなかった。むしろ、増している気がした。わたしは、一番下に入れておくね、と伝えた。母は、紙袋は畳んでそこに重ねて、と言った。この部屋では、どの物たちにも住所があった。

わたしは、母の隣に座った。
目の前に母が寝ていて、顔を上げると窓から外がみえた。青空が広がっていた。母はとても痩せていて、足はむくんでパンパンだったけど、顔はとてもキレイだった。

わたしは、今日母に言うんだと決めてきたことを伝えた。

「お母さん」

「なに」

「ごめんなさい、わたしは、いままで、いい子じゃなくて」

わたしの口から出た、その音は、いままで生きてきて一番優しい音みたいに、わたしには聞こえてきた。

天井をみていた母は、わたしの方を向いてこう言った。

「なに言ってるの、さやかは誰よりも優しいでしょう」

しばらくしてから、わたしは、

「そうだね」

と言った。

母は、

「そうだよ」

と答えた。

母ではない

もし、母が選べるのだとしたら、わたしはこの母を決して選ばなかった。わたしはアンラッキーだ。どうしてわたしには、この母が割り当てられたのだろう。

母は、とてもキレイな人だった。学生時代から成績もよく、評判の娘だった。そして、同じ教育大学に通っていた父と知り合い、若くして結婚した。父も母も教師になった。

物心ついた頃から、わたしは実家から歩いて15分の母方の祖父母宅にいることが多かった。祖母は働いたことのない専業主婦で、一日中食事を作ったり、祖父と曽祖母の世話をしていた。

祖父母宅には大きな庭があり、たくさんの木が植わっていて、野菜や花もあり、庭の3分の1は、洗濯物が干せるようになっていた。南向きの大きな家で、1階に3部屋、2階に3部屋あった。昔の作りで、台所は北側にあった。年中寒い台所だったけれど、祖母はその場所が一番落ち着くようだった。

わたしは、2階に上がってすぐのところにある曽祖母の部屋でよく遊んでいた。曽祖母と同じおやつを食べ、同じテレビを楽しみ、曽祖母が作ってくれたおもちゃで遊んでいた。わたしは、「クイズダービー」とか、「白い巨塔」をみていた。曽祖母が食べている、うどん粉とさつま芋を練って蒸す鬼まんをおやつに食べ、曽祖母が山ほど作ってくれた牛乳パックでできたサイコロで遊んでいた。サイコロの目は、スーパーの広告でできていた。わたしはそれを楽しんでいたが、小学4年生のとき、友達が遊びにきて、それらを恥ずかしく感じるようになった。

「さやかちゃんちって、クッキーとか、ないの?」

続けて友達が言った。

「なんか、おばあちゃんの食べ物みたいなものばっかりだよね」

さらに続けて言った。

「人生ゲームとか、ないの? サイコロこんなにあって、どうするの?」

曽祖母は、悪気なくその友達に、サイコロ好きなの持っていっていいよ、と言った。よくできたサイコロだった。曽祖母の自信作だった。

「いらないです」

友達は帰っていった。

わたしは、恥ずかしいし、自分が可哀想、と思った。

翌日、わたしは学校で、

〝おばあちゃんの食べ物食べてるさやかちゃん〟

みたいに言われて、その友達を絶対にもうおうちに呼ばない、と思ったし、その子だけじゃなくて誰も呼ばないもん、と思った。

曽祖母は、カラダが動くうちは、ずっとサイコロを作り続け、わたしにくれた。わたしは、もう全然いらなかったけど、言えないものだから、押し入れの中がサイコロだらけになっていた。ある日曽祖母は、可愛がっていた黄色いインコを部屋の中で踏んでしまった。そしてインコが死んだ。曽祖母は、泣いて悔やんだ。わたしは、どうしていいかわからなくて、その様子をただみていた。わたしの曽祖母の記憶は、サイコロとインコだ。

祖父は、軍人だった。

「戦時中、殺した人数はだな」

と、事あるごとに始まった。

聞いていないと、

「聞いてるのか！」

とカミナリが落ちた。

いつも株価をラジオで聞いていて、囲碁の番組をみていた。麻雀を教えてくれたのも祖父だった。

「さやか、タンヤオとは、どういうものだ」

祖父は、黒い革の高級座椅子にどっかり座って、わたしに聞いた。

わたしは、まだ小学生だったからか、タンヤオに興味がなかったからか、よく覚えられず、

「えーと、１２３とか３４５とか続きの……」

と言いかけたら、

「それは、ピンフだ！」

と烈火のごとく怒って、麻雀牌《パイ》を汲み取り便所に投げ捨てた。

この事件があって、わたしはピンフだけは完璧に頭に入った。

祖父は、家では立ち上がることもほとんどしない人だった。怒って便所に物を捨てる以外には。

「おい」

と、祖母を呼んだ。祖母が気づかないと、

「おい！」

と声の音量をあげた。まだ気づかないと、

「おい‼」

と、隣まで聞こえる声で怒鳴った。

祖父はお茶も淹《い》れられなかった。台所に立っているところもみたことがない。勉強をするのも教えるのも好きな人だった。特に歴史が好きだった。わたしによく歴史を教えてくれた。わたしが全く覚えないから、祖父はわたしのことをバカなのではないか、と思っていたと思う。祖父は60代で胃癌《がん》になり、その後、体の中が1つずつ癌になっていき、いろんな臓器がなくなっていった。最後はホスピスに入り、84歳で亡くなった。わたしは、祖父が、「ありがとう」と言うのを聞いたことがなくて、なぜ祖母が祖父と一緒にいるのか、摩訶《まか》不思議だった。自分の祖父ながら、どこがよくて結婚したの？　と思っていた。

祖父が弱ってきたとき、

「俺の人生で、唯一感謝したい人間がいる」

と言い出した。

わたしは、ああ祖母のことだな、と思い、この場にいてもいいのかしらと思ったが、聞きたい気持ちが勝った。どれほど祖母が祖父に尽くしてきたか、近くでみてきたからだ。

祖父は、ゆっくりと言った。

「それは」

わたしは、敢《あ》えて祖父の方を見なかった。

「それは、愛新覚羅溥傑《あいしんかくらふけつ》だ」

え、誰？

誰だよ？

そんな空気が流れた。

後で聞いてみると、愛新覚羅溥傑とは愛新覚羅溥儀《ふぎ》の弟で、愛新覚羅溥儀とは映画にもなった清のラストエンペラーのことで、よくわからないが、若い頃、そのラストエンペラーの弟と竹馬の友的な時代があって、それが祖父の自慢であったらしい。その説明を聞いても、わけがわからない。「だからなに？」という感想しか持てなかったが、愛新覚羅溥傑の話をまだ続けている祖父のことを、うんうん、と、うなずき続けて聞いているのは、祖母だけだった。

祖父は、祖母に大いに迷惑をかけているようにみえたが、亡くなる直前、世の中の役に立ちたいから臓器を寄付したい、と言い出し、それでまた家族は手続きやらなんやらで大変な思いをし、毎日ホスピスに家族の誰かが缶詰めになっていた。そして祖父が亡くなったとき、世話をしていた家族たちは、

「お疲れ様でした」

と言った。生きているときにやり切ったからこそ出てくる言葉だ、と思った。

後に、祖母に祖父のどこがよかったのかを聞いてみると、

「あの人は可哀想な人だからねえ」

と言い、

「優しいところもあった」

と言い、

「わたしの知らないことを教えてくれた」

と言い、

「頭が良かったからねえ」

と言った。

夫婦なんて、きっと、外からなんて、わからない。

そんな祖父母の長女が、わたしの母であった。わたしと違って、きっと歴史もタンヤオもしっかり覚える娘だったに違いない。

わたしが小学生の頃、学校では先生に、

「青木先生の娘さん」

と呼ばれた。母を尊敬してます、なんて人も多かった。わたしは、鼻が高かった。

キレイで、声も良くて、頭が良くて、尊敬される職業についている。どの子どもにとってもそうだろうが、子どものわたしにとって、母は絶対者だった。母が白と言えば白で、黒と言えば黒だった。わたしは母のようになりたかった。教師になりたい、と思った時期もあった。そして、わたしはいつも、母に褒めてほしかった。だから頑張った。

「お母さん、今日テストね、85点だったよ」

わたしは褒めてもらえると思った。母はこう言った。

「どこを間違えたの？」

「……」

「次は100点とらなきゃね」

「わかった」

ある日はこう言った。

「今度のピアノの発表会、『エリーゼのために』を弾かせてもらえるようになったの」

わたしは、「エリーゼのために」が弾きたくて、退屈なピアノの稽古を頑張ってきた。これは褒めてもらえると思ったら、母からかえってきた言葉は、こうだった。

「『エリーゼのために』は、去年、もうえりちゃんは弾けてたねえ」

えりちゃんとは、同じくらいにピアノを始めた同級生の子だ。

「そうだね」

「えりちゃん、うまく弾けとったわ」

「そうだね」

「本番で間違えないように、練習しなさい」

「そうだね」

わたしが、なにをしても、母はわたしを褒めなかった。それは、わたしが劣っているからだと思った。もっと、勉強ができれば、もっと、いい子になれば、もっと、ピアノがうまかったら、褒められるに違いなくて、わたしが足りてないから褒められないのだ。そういう理解だった。

母は、とても世間体を気にしていた。外からどうみられるのか、それは母にとってはとても大事なことだったのだと思う。

あるとき、母の友人宅に遊びに行った。母のクルマの後ろに弟と2人で乗り、3人で出かけた。わたしは、小学校5年生、弟は2年生だった。寒い夜で、クルマには霜がおりていて、動き出してもクルマがあたたまるまでには数分かかった。30分くらいの行きの車内は、とてもご機嫌だったと思う。

母の友人宅について、もちろんきちんと挨拶をし、偉い子ね、と母の友人に褒めてもらい、おじゃまします、と玄関で靴を揃《そろ》えた。母も満足げだった。

食事も終わりに近づいて、わたしも緊張がとれてきて、いい子でいる、というより、子どもらしくなってきた。母の友人夫婦が、うちは喧嘩《けんか》するわよ、という話のときだった。わたしが、こう言った。

「この前、お父さんとお母さんがケンカして、箸がとんでたよね!」

えー、そんなことあるの~? なんて笑いが起きて、母も笑っていた。

それからしばらくして、ご挨拶をして、クルマに乗った瞬間、母は顔色を変えて、こう言った。

「なんであんなこと言ったの」

「なにが?」

「お父さんとお母さんの喧嘩の話、みっともない」

「そうかな」

「本当の話なんてね、恥ずかしい話は、しなくていいの」

「ごめんなさい」

「どう思われると思う？　お母さん、学校で」

「……」

「考えなさいよ、お母さんの仕事」


この日のことは、大きく記憶に残っている。

お母さんとお父さんが喧嘩するということは恥ずかしいことで、その恥ずかしいことを外に伝えるのはみっともないことで、お母さんは仕事をしづらくなり、なにより、お母さんは、本当の話をされるのを、嫌がるのだ。

それが強くインプットされた。

その日から、わたしは、

〝うちは、とてもうまくいっていて、みんなから尊敬される、そんな家であらねばならない〟

ということを、心に刻み込んでいくことになる。

母は、わたしに物事の評価を植え付けた。

大学を出ていないから、可哀想。

離婚しているから、ざんねん。

雨だから、気分が悪い。

わたしは、そういうものだと思い込んだ。当たり前のように大学に行かねばならない、と思った。そうでないと、可哀想な人、と世間から評価されてしまう。離婚なんてもってのほかだろう。

わたしは中学の3年間、そう思って過ごした。水泳部に入り、キャプテンだった。クラス委員長もやっていた。先生からの信頼もあった方だと思うし、そうでありたいと希望していた。友達からも、しっかりしていると評価されたかった。

高校に入って、うちのカタチが大きく変化することになる。

両親が離婚することになった。

わたしは大反対した。

それは最もみっともないことではないのか。

苗字が変わるなんて、恥ずかしいことの極みだろう。

しかし、わたしの願いは叶わず、両親は離婚した。


わたしからみると、離婚の原因は、母にあるようにみえた。神聖な「母」は、あっという間に汚らしい「女」に、わたしの目には映った。


離婚後、わたしも弟も生まれ育った家で母と住むことになったのだが、ほとんど母と会話しなくなった。母が帰れば階段をかけあがって自室にこもり、鍵をかけた。話しかけるとしたら、お金が必要なときだった。

「あなたなんか産まなきゃよかった」

と言われた。

わたしは本当に産んでくれなかったらよかったのにと心から思い、

「こっちのセリフだ」

と言い返した。

すると母は、泣きながらどこかへ出かけていくのだった。

家族以外に泣きつく相手がいるのだ。いたのだ。

今まで、わたしに教えてきたことはなんだったのか。自分の快楽や自由のために、簡単になかったことにするくらいの信念ならば、最初から植え付けなければいい。

わたしには、もう根深く、母の信念が染み付いてしまっていた。もう取り除くことはできない。母を絶対者だと思って生きてきたのだから。

いま、目の前にいるのは、誰だろう。
母ではない、教師じゃないか。
母ではない、女じゃないか。

思春期のわたしには、気持ち悪いものにうつった。
なんで、こんな人に、褒めてもらいたくてこれまで頑張ってきたのだろうか。

わたしは、一度生まれた憎しみの感情を、なかったことにはどうしてもできなかった。きっと、一生。

彼氏とタバコとパチンコと

26歳のとき上京した。

JR中野駅徒歩5分、マルイの裏側にあるアパートにわたしと彼は住み始めた。家賃は8万円くらいだった。

なぜ中野にしたかというと、新宿に出やすいから。新宿に出やすいとなにかといいだろうと思った。新宿が東京の中心である、と誰かが確かに言ったのだ。しかし、住み始めてみると、特別新宿に用はなかった。

中野も、新宿も、いつもいつもいつも人が溢《あふ》れていた。街ゆく人は誰一人知り合いではないし、誰かに会うんじゃないかという心配もなく、わたしには東京はとても居心地が良かった。それに、

「上京した」

という達成感で、もはや何かを手にしたような気すらした。中野の南口を出て右に曲がり、線路沿いのゆるやかな坂を登る。平坦な道になったところで左に曲がると、そのアパートはあった。部屋は2階で、階段を上がった一番手前の角部屋だった。うなぎの寝床タイプの1LDKで、玄関を入るとすぐにキッチン、その奥が4畳の和室、襖《ふすま》を開けると6畳の和室と続いていた。

4畳の和室に小さな折り畳み式の木のテーブルを出し、そこで食事をとり、奥の6畳の部屋にはマットレスを敷いてベッドにして使っていた。無印良品でオフホワイトのカーテンを購入した。クッションも布団も、小物だって無印良品で揃えた。うなぎの寝床タイプの長い和室は、無印良品の店内のように素敵にみえた。

同棲をして、わたしは初めて料理に前向きになった。「彼氏」という存在は、わたしにいろんなスキルを上げるきっかけをくれた。調味料は、塩と胡椒《こしょう》しか知らなかった。だから毎日、肉野菜炒めを作った。毎日塩が強いか胡椒が強いかの味の違いしかなかったが、おままごとみたいな同棲生活は、塩と胡椒でじゅうぶんに満足だった。

友人たちに伝えた上京の理由は、

「東京で一旗あげる！」

だったが、本当の理由は、

「彼が上京するからついてきた」

だった。それに、息の詰まる実家だって出られた。

一旗あげられる人なんて、一握りだってことくらいわかっていたし、まあダメだったら結婚すればいい、と思っていた。


わたしは、売れる気があまりなかった。ライブのネタ見せにいっても、なかなかライブにすら出られないし、ネタを書こうにも、全く思いつかないし、思いついたとしても次の日になると面白く思えない。

やめたっていいかな。

だけど彼は、仕事をしているわたしが好きだった。舞台に立っているわたしのことが好きだった。ライブに出演が決まると、とても喜んで、できるだけ観にきてくれた。

「さやかは面白いから」

というのが口癖だったけど、わたしにとっては、面白かろうがなかろうが、そんなことはさほど大きなことではなかった。

彼はわたしが仕事で成功することを心から願っていたようだったけれど、正直いって、仕事のことは人生における優先順位が低かった。

早く、彼が、わたしが仕事で成功する夢を諦めてくれないかなあとさえ思っていた。だって、仕事で成功するって大変そうだ。専業主婦でありながら、「続けてたらきっと有名になってたよ~面白いもん！」と言われる方がよっぽどいいじゃない。密《ひそ》かにわたしは彼が諦めるのを待ったが、彼はわたし以上に、わたしの成功を願った。


いつしか、わたしは、持ち前のだらしなさを存分に発揮し、バイトもなかなか続かず、ネタを作るのも面倒になっていった。

そして、わたしの成功を願う同居人と真っ向から向き合う時間がキツくなってきた。

わたしは頻繁にパチンコ屋に通うようになった。

元々パチンコが好きだった。名古屋にいた頃、パチプロみたいな友人に誘われたことがきっかけになった。２・５円交換のお店では飽き足らなくなり、等価交換のお店まで、家から1時間以上かけて通ったものだ。

バイトのためにできない早起きも、パチンコのためなら何時にだってすっきりと起きることができた。

中野駅近くにも、パチンコ屋さんはあった。南口を出て数分のところに2軒並んでいた。どちらも等価交換のお店だった。

わたしは、彼にはバイトだとウソをついて毎朝開店前にパチンコ屋さんに並んだ。並ぶ人たちは、大抵の場合、新台を打ちたくて並ぶ。わたしはCRモンスターハウスが大好きだった。古いタイプの台だった。竹屋から出ている機種で、名前の通りモンスターが出てくる。リーチアクションはとてもシンプルで、奥の方からひょこひょこと白いおばけが出てきて、数字を止めたり押したりする。何しろ、その白いおばけが可愛いのだ。

「なあに？　このハト、出てきたって当たりゃしないわ」

隣に座っている50代くらいのおばさんが、わたしに話しかけてきた。おばさんは、おばけのことをハトだと思っていて、わたしはそれがたまらなく面白くて、おばさんに合わせて会話を続けた。


「ハトが絵柄の上に乗ったときは、あまり当たらないんですよ、ハトが絵柄の横にきて絵柄を止めていく方が確率高いです」

「あ、あんたの台、ハトきてるよ」

「ホントだ、あ、ほら、こうやって上にハトがきて、絵柄押しますよね、これは当たらないんですよ。あ、当たりましたね、当たった」

「……」

「いや、ははは。珍しい。このパターンは、単発ですね、ははは」

「あ、そう」

「あれ、確変だ」

「……」

「珍しい、珍しいですよ、このパターン」

「あ、そう」

「ははは」

わたしは、嬉しさと気まずさでタバコに火をつけた。当たるとタバコに火をつける。それがわたし。

「この台、死んでるわ」

「死んでますね」

「ほら、昨日も１０００回回ってて一度も当たってないもん、昨日から死んでる」

「ほんとだ、昨日から死んでますね」

「一昨日は40回出てる」

「ホントですね！」

「昨日死んだのよ」

「昨日でしたか……一昨日は生き生きしていたのに」

わたしは、３万円はこの台に突っ込んだであろう名前も知らないおばさんに話を合わせた。後から来たわたしが確変を引き当てた気まずさを、一生懸命回避した。

「お、出してるじゃん」

常連のジンさんが声をかけてきた。彼は多分40代の、多分家族のある、多分本名はジンさんではない、毎日パチンコ屋さんに通うおじさんだった。わたしたちはとても仲が良かったけれど、お互いの身元を知らなかった。話すつもりがなかったから聞くつもりもなかった。言いたくない、というよりは、現実逃避として来ているパチンコ屋という ファンタジーの世界に、現実を持ち込むのが嫌だった。

パチンコ屋は、芸能界で必要とされていないわたしのことも、彼氏との間がひび割れてきたわたしのことも、毎日受け入れてくれた。いつも同じ音楽で、誰も干渉することなく、いつ入っていつ出ていったって自由だった。パチンコ屋だけが受け入れてくれた。

お金さえあればいつだって。

「これ、続くよ確変」

「そうですかね？」

気づくと、隣のハトおばさんはいなかった。

「ジンさんお寿司奢《おご》ってあげる」

わたしたちは、負けると立ち食いそば、勝つと回転寿司に行った。

「じゃあ、単発になったら台休ませるか」

「はーい」

パチンコ屋には、台をそのままにして30分休憩できるシステムがあった。

「確変が単発になったら、台を休ませたらいい、また確変絵柄に戻るぞ」

これもジンさんが教えてくれた。

回転寿司で、ジンさんはビールを飲みながらいろいろな話をしてくれた。もちろん話題は一から百までパチンコのことだった。最近の各パチンコ店の客の入りについて、海物語の一人勝ちだということ、釘《くぎ》の見方。

ジンさんは、すごくかっこよかった。

たくさんパチンコのことを知っていて、わたしがいくらパチンコに突っ込もうが何も言わず、かっこよくパチンコ屋に登場し、毎日いつのまにか消えていた。


家に帰ると現実が待っていた。

「パチンコ行っただろう」


彼は、わたしの着ているフリースがタバコくさすぎる、という点から、わたしがパチンコに行ったかどうかを割り出した。わたしは彼をカゲで探知犬と呼んでいた。探知犬は、ほぼ１００％の確率で匂いからのパチンコ通いを当てるようになったから、わたしは駅前のロッカーにパチンコ用フリースを隠し、それに着替えて通うテクニックを身につけていく。ここから犯罪者と探知犬の攻防戦に突入することになる。


彼にバレてはいたが、ウソはつき通した。

「パチンコじゃなくて、ファミレス」

「ファミレスじゃないだろ」

「大ちゃんたちとネタ作ってて話してたから。大ちゃんずっとタバコ吸うし。すごい匂い。やだもう」

「大ちゃん、タバコやめるって言ってただろう」

「ウソだと思うなら、大ちゃんに聞いてみたらいいじゃん！　なんでそんなに疑うの！　つらいよ！」

「なんだよ」

「パチンコ行くお金があるわけないじゃん！　バイトだって続かないじゃん、わたし！　起きれないじゃん、起きれないよ！　クビになったじゃん！」

「泣くなよ」

「ひどいひどい！　頑張ってファミレス行ったのに……疑われるなんて、ひどすぎるよ！」

わたしは、この世の終わりよ、と泣き崩れた。

彼は、ごめんね、と言ったが、わたしは、なかなか許さなかった。

そして、話をうやむやにしたまま布団になだれ込み、事なきを得た。


この毎日が、永遠に続くものとは思っていなかったが、1日が過ぎればそれでいい、と思っていた。


お金は、なかった。

最初からなかったけど、どんどんなくなった。だけど、大丈夫。今日2万円負けても、明日10万円取り返せばいいのだから。実際そんな日もあった。そのうち、1万円が100円みたいな感覚になっていった。パチンコ屋の中でだけは。


銀行に行ってもお金はなかった。

わたしは消費者金融でお金を借りた。

まわりの芸人さんたちも皆お金がなかった。だからお金が銀行に入っていないことなど特段焦るようなことでもなかった。先輩芸人さんの多くが消費者金融のことを「俺の銀行」と呼んでいた。「俺の銀行は、まだ金が出てくるぞ」と言って笑っていた。

最初に消費者金融に入ったときは、これで何かを失っていくのかな、という怖さがあった。誰かに入るところを見られるんじゃないかとドキドキし、何度も入り口まで行っては通り過ぎ、何度目かのとき「あ、ここ100円ショップかな？」と思って間違えて入ったという設定にして、口笛を吹きながら入った。「100円ショップ……じゃないんだ、まぁいいか」と誰も聞いてはいないが意味不明な演技をしながら入った。

「いらっしゃいませ」という女性の声が聞こえた。「ハッ、見られてるのか？」と思った。それは自動音声だったが、どこかで誰かが見ているのかもと怖くなった。わたしはフリースを首のところまでグッと上げて顔を半分隠した。タバコの匂いが鼻と口に入ってきた。ATMのようなマシーンに対面する席に座ると、自動音声だと言い張るお姉さんの指示でどんどんとわたしは自分の個人情報を伝えていった。そしてあっという間に数万円が出てきた。この日からこの消費者金融は「わたしの銀行」になった。

そのうち1社が2社、2社が3社になり、わたしの銀行はあっという間に増えていった。わたしの銀行たちにはお金を返す期限が設けられていた。その期限通りに返金できないと丁寧な電話がかかってきた。

初日は柔らかいお姉さんの声で、「返済の方、いかがでしょうか?」

わたしは、「すみません、すぐ返します」と言ってしばらく放っておく。すると、次は男性から「返済の方、いかがでしょうか?」とかかってきた。

わたしは「すみません、すぐ返します」と言ってまた放っておく。すると、今度は怖い声で電話がかかってきた。

「わかってますかねぇ~、どうなってますかねぇ~」

わたしの銀行は、約束を破るとどんどん怖い人が出てくる魔法の銀行だった。

わたしだって、どこかでパチンコをやめたかった。やめたかったというか、こういうパチンコとの付き合い方を、やめたかった。

ある日、なぜこんなにパチンコがやめられないのだろうか調べてみようとパチンコを休んで図書館に行ってみた。手にした本には興味深いことが書いてあった。

「リーチがかかると脳内麻薬みたいなものが発生する」

ああ、これはわかる気がする。ずっと当たり続けているときより、リーチがきたときの興奮を次も感じたい、と思うから。なるほど、これがパチンコをやめられない理由か、ふむふむ、と思ったが、次の瞬間、「だからなんなの?」となり、その足でパチンコ屋に向かった。

結局、やめられなかった。

これが続くとは思わない。

だけど、1日が、過ぎればいい、なにも失うことなく。


寒い雪混じりの雨の日。

その日も朝から起きてパチンコに行った。目覚ましなしで起きられるようになった。両親の離婚をきっかけに、高校の頃から学校も遅刻し、あるときからはほとんど行かなくなったわたしは、パチンコだけは時間通りに行けるように成長した。


駅前でパチンコ用フリースに着替えて、いつものモンスターハウスの前に座った。一応台の情報をわからないなりにみて分析し、なんとなく選んで座った。その日は、つまらない日だった。5000円くらいで、単発が当たり、一箱出て、のまれて、玉が全部なくなりそうなときに、また単発が当たって、のまれて、その繰り返しを閉店間際までやっていた。

結局、プラスマイナス0だった、だらだらと時間が過ぎた1日だった。気づくと夜の9時だった。

もう今日はやめようかな。

タバコの中に100円ライターをギューと押し込んで、それをパチンコ用フリースのポケットの中に入れて、パチンコ屋の自動ドアから外に出たら、彼がいた。たまたま、いた。

かっこいい人がいるなと思ったら彼だった。背が高くてスタイルがよくて、わたしと同じような安いフリースをおしゃれに着こなしていた。

中野に住んでいて、中野の駅前でパチンコしてるのだから、そりゃたまたま会っても仕方ないのだが。

彼は、わたしをじっとみていた。

わたしは、

「パチンコなんて行ってないもん！　トイレかりただけだし！」

と泣こうかな、と思ったけど、これは明らかにバレるな、と思ったし、もはや逆ギレが通用する雰囲気ではなかった。彼は静かにわたしをみていて、わたしは、やばいやばいどうしようかな、と思いはじめたら、可笑《おか》しくなってきて、笑いが止まらなくなった。パチンコ屋の前でわたしは笑い続けて、彼はそれを一瞥《いちべつ》しどこかへ消えた。

でも、やっぱり彼はかっこよかった。

あーなんだか、久しぶりに笑ったなー。

これからどうなるのかわからなかったけれど、笑ったことで、しばらく笑ってなかったんだなわたし、ってことを思い出した。

わたしはわたしに問うた。

どうするの？　彼に謝るのはいいけど、パチンコやめます、と言うのか？　果たしてやめられるのか？　やめないならば、やめないけど許して、と言うのか。パチンコをやめてほしいと幾度も言われてきた。ウソついてごめんなさいと言うのか。この先ウソをつかないと約束できるのか。それともウソにウソを重ねて付き合っていくのか。いけるのか。いきたいのか。

わたしは自分自身に答えが出せないまま、だけど、いまのところなにも失いたくないことだけは確かなので、現状維持を期待して家に帰った。外から確かめると、部屋は真っ暗だった。雪っぽい雨はやんでいて、冷静になってみると、ひどく寒かった。冬らしい張り詰めた空気で、空を見上げると、星が綺麗に出ていた。息は真っ白で、手はかじかんでいて、少し気持ち悪かった。1日なにも食べていないことに気づいて、空腹感ゆえの気持ち悪さだな、と思った。パチンコ用フリースは、着替えずに帰ってきた。澄んだ冬の風で、心なしかタバコの匂いが消えた気がした。階段に少し積もった雪は氷に変わりつつあり、わたしは気をつけて2階にあがった。玄関の前に立ち、たぶんいないけど、どうか彼がいませんようそに、と願った。そして信じられないほど音を立てずに鍵をさしてドアを開けた。うなぎの寝床は、一番奥まで見渡せて、絶対に誰もいないことがわかった。

上京したときは、うなぎの寝床だろうがワンルームだろうが、よかった。むしろ狭い方がいつも一緒にいられるじゃん、と喜んだ。こうなると、うなぎの寝床でなく、個室が1つでもあれば、と後悔した。おしゃれにみえた無印良品のオフホワイトたちが、くすみがとれない白にみえた。あんなに落ち着けた我が家なのに、心が圧迫されているように感じた。

たぶん、これが現実で、真正面からみるのが嫌だったから、好きなパチンコに逃げた。

でも、みつかった。

彼は深夜に帰ってきたが、わたしは寝たふりをし、朝はわたしが早く出かけて、お互い、その問題にふれることはなかった。

あれは夢だったのか？

夢だったのかもしれない。

だが、明らかに彼との空気感がおかしくなり、やっぱり夢じゃなかったのかー、と思い知らされたが、どうしたいのかの答えも出てないわけだから、どう謝っていいのかもわからなかった。そのまま時が過ぎていった。

「ごはん、食べる？」

「いらない」

なんとなく、ことばを交わしたりする時間もでてきて、抜本的解決ではないとわかりつつ、なかったことにしよう、と解決から逃げた。

しばらく休んでいたパチンコにも行くようになった。考えてみたら、他に行くところがないわけで、家にいても息が詰まる。もう、パチンコ用フリースをロッカーに入れずに、家から着ていった。彼は日課のようになっていた、「どこにいくの?」はもう言わなかった。わたしも、「いってきます」と言わずに家を出た。

「久しぶりだな〜」

ジンさんが話しかけてきた。

いつもみたいに明るくて楽しいはずのジンさんのパチンコ話は、いまのわたしの気分をあげてくれるには足りなくなっていた。ジンさんは話し続けていたけれど、わたしは聞き流しながら、適当に相槌《あいづち》を打ち続けた。

ある日、家に帰ると様子がいつもと違ってみえた。とても片付いているように、みえた。

「なんだろう?」と、いつもの場所に座って、テレビをつけようとリモコンを探すが見つからない。「どこにおいたかな?」とテレビの方をみて、驚いた。テレビがなかった。

「え」

ゆっくりと部屋の中を見渡すと、電化製品や、彼のパソコンが、なかった。

「え」

襖を開けると、突っ張り棒にかかっていた洋服は、わたしのものしかなかった。

わたしは混乱した。

だけどすぐにわかった。

彼は出ていったのだ。

心臓がバクバクしはじめて、
いやだ！

と思った。

彼に電話をする。考えてみたら、とても久しぶりに。彼はすぐに出た。

「もしもし」

「どこ？」

「ごめん、別れたい」

「別れない」

「ごめん」

「どこ？」

「言わない、探さないで、ごめん」

「1回帰ってきて」

「ごめん、帰れない」

「じゃあどこかで話そう」

「もう、話すことない」

「どこにいるの？」

「ごめん、探さないで」

「探す！　探すから！」

「さやかは面白いから」

「はい？」

「ずっとファンだから」

「そんなことどうだっていい！」

「ずっとファンだから」

「ファンなら帰ってきてよ」

「それはむり」


わたしは、これでもか、というほど食い下がってみたけれど、彼は帰ってこなかった。

ひとりぼっちになるとまた心臓がバクバクしたけれど、きっとどこかでわかっていた、こうなると。どこかで、それを希望していたような気すらする。もう2

人はきっと破綻していた、破綻していく方に、向かっていた。

でも現実のものになると、とてもとても怖かった。


大ちゃんに付き合ってもらって、カラオケに行って、泣きながら山崎まさよしのワンモアタイムワンモアチャンスをひたすら歌った。

いつでも捜しているよ、と歌いながら、わたしは一度も彼を探さなかった。

しばらくかけ続けていた彼への電話を、あるときやめた。

気づくと春になっていた。

彼はわたしの毎日から消えた。

なすびのさくら

「お金、送って」

「また？　いい加減にしなさいよ」

わたしが母に電話するといえば金の無心だった。そのときだけは、母の声を聞かなくてはならなかった。家から1人で電話する勇気はなかった。外にいるとき、雑踏の中で、ふと勇気がわいたときに、ガヤガヤとした世間の音をBGMにしないと、電話なんてできなかった。今日も電話したのは駅近くだった。道ゆく人たちは、わたしを知らない。誰もわたしを知らない。田舎のご近所さんを気にして生活するより100倍ラクだ。東京にどんどん馴染《なじ》んできていた。

もう、お金がない。電話して送ってもらわないと。

どこかで思っていた。あんなにわたしを苦しめた母なのだ、お金くらい、出してよ。


「送ってよ」

「なんで、そんなに必要なの？」

「送ってくれるの、くれないの」

「なにに使うのかを聞いてるの」

「とにかく送ってくれたらいいんだけど」

「理由もなくお金なんて送れるわけないでしょう、どれだけ大変な思いしてお金
……」

「あ、じゃあ、もういい」

「え？」

「もういいって言ってます、いらないです」

「いらないって、どうにかなるの？」

「ならないけど、もういいですから」

わたしは電話を切った。

母は、必ず、まとまったお金を現金書留で送ってきた。わたしは、できるだけ

心を動かさないように封筒を開け、お金を取り出した。

わたしはホステスのバイトを始めた。就職活動のために購入した真っ青のダブルの金ボタンのスーツは、ホステスのときも大活躍だった。

きちんと化粧をしてその真っ青のスーツを身につければ、毎日フリースでパチンコに行っているようにも母親に金の無心をしているようにもみえず、それなりにみえた。青いスーツに葬式用に準備してある黒のパンプスを履いて、ホステスのバイトに出かけた。

なすび、という名前のスナックだった。場末のスナックというのがピッタリで、安っぽい茄子《なす》紺のベルベットっぽいソファと、安っぽい黒のローテーブルと、安っぽいスパンコールのついたドレスを着た自称ナンバーワンが、幅をきかせていた。

彼女は、じゅりあ、という源氏名で、みんなから、じゅりあさんと呼ばれていた。

バイト初日、緊張した顔で待機していた。緊張したふりをしていた。お金ない仕事ない彼氏ない明日もままならないわたしは、もはや慣れないバイトくらいでは緊張できなくなっていた。

ふと顔を上げると、1番テーブルの横に立っているじゅりあさんが、明らかにわたしをみていた。気のせいかな、と思い、目を逸《そ》らし、テーブルの番号を確認するという作業をしたふりをしていると、じゅりあさんと目があった。わたしたちは見つめあった。じゅりあさんは確実にわたしを睨《にら》んでいた。

そして、ゆっくりわたしに手まねきし、こっちへこい、と指示をだした。

わたしは立ち上がり、じゅりあさんの近くに行った。するとじゅりあさんは、わたしの耳元で他の人に聞こえないようにそっと囁《ささや》いた。

「ねえ、挨拶、した？」

「誰に、ですか？」

「は？　あたしに！」

「え？」

「あたしに挨拶したか聞いてるんだけど」

「えーと、それは、じゅりあさんが、わたしに挨拶されたか覚えてないから教えて、ということですか？」

「は？」

「いや、すみません」

「あたしに挨拶してないよね？」

「おはようございます！」

「あんた、ふざけてんの？」

「ふざけてないです」

「挨拶、してないよね」

「してないって、わかってらっしゃいましたか」

「してないよねって聞いてんだけど」

「してないです」

「ふざけてんの？」

「ふざけてないです」

「あたしに挨拶しないなんて、そんな子いないんだけど」

「なるほど」

「なるほどって、なに」

「いや、すみません」

「あのさ、教えときたいんだけど」

「いいんですか？」

「いいんですかって、なに」

「いえ、わたしのような新人に、教えてくださるなんて、いいんですか？　という意味です」

「ああ、そういうこと。いいよ、教えてあげる」

「いいんですか！」

「いいよ」

「本当にいいんですか！」

「ふざけてるの？」

「ふざけてないです」

「聞いてると思うんだけどさ？」

「はい」

「あのさ？」

「はい」

「この店のナンバーワンはアタシだから」

「え」

「なすびの、ナンバーワンは、あたしだから、覚えといて」

「はい！　なすびのナンバーワン」

「それから」

「それから」

「じゅりあは、ひらがなだから」

「はい！　じゅりあさんのじゅりあはひらがなです」

「ふざけないでよ」

「ふざけてないです」

「これからも、ふざけないで」

「ふざけないです」


もう行っていい、と手でわたしを追い払った。おそらく自分で塗ったのであろうピンクのマニキュアが、とてもキレイだった。丁寧に時間をかけないと、ああはならない。わたしは自分の爪をみた。爪なんて気にしたのは、どれくらいぶりだろうか。手入れなんてしていない、栄養も足りていないような爪だった。手についたタバコの匂いが消えていなかった。

わたしは、じゅりあさんのことが好きになった。真剣に仕事に取り組んでいる。じゅりあさんは、なすびのナンバーワンを死守するために、とても熱心で、もしかしたらナンバーワンの座を奪われるかもしれないと思うと、マウントをとりにいくことを欠かさなかった。わたしは、じゅりあさんが少なからずライバルだと思ってくれたことに感動を覚えたし、わたしにホステスの素質が全くないことを見抜けないんだなぁと、とても可愛らしくも思った。

店にいると時間が過ぎるのがとてもゆっくり感じられた。ただ、待機の時間は、嫌でも考え事をしてしまった。お金のこと、明日のこと、頭に浮かんでくる、どのテーマだって、明るいものはなかった。仕方ないから、そんなときは映画『キャリー』のことを思い出すようにした。まわりから辛い目にあわされている女の子キャリーが、最後に全員を吹き飛ばして殺す、という内容だ。待機しながらキャリーに自分を重ねた。

22時をこえたあたりで、お客様が増えてきた。

「さくらちゃん、3番ついて。常連さんだから大丈夫」

「はい」

「みなとさんね」

「はい」

3月生まれだから、源氏名は「さくら」にした。

みなとさんは、小太りの40代だった。白いシャツに、スラックスをはいていた。こぎれいにしていて、いかにも優しくて包容力があり知的でお金がある、というふりをしているようにみえた。


「はじめまして、さくらです」

「おお、新人さん？」

「はい」

「で？」

「はい」

「お、言わないね」

「はい」

「わからないかな」

「はい」

「座るときはさ、おとなり失礼しますって言うんだよ」

「失礼します」

「おとなり、ね」

「おとなり」

「何でも聞いてよ」

「はい」

「ほら、大きな声で言えないけどさ、うるさい客って、多いからさ、気をつけたほうがいいよ」

「はい」

「何でも言ってよ、先、教えるし」

「はい」

「苦手？」

「はい」

「苦手でしょう」

「はい」

「やっぱり」

「はい」

「こういう仕事、苦手だ」

「ああ、はい」

あんたのことかと思ったよ。

「慣れる慣れる」

「はい」

「大丈夫」

「はい」

「大丈夫だよ、そんなに心配しなくて」

「はい」

「顔、かたいぜ」

みなとさんは、決め顔で、もう一度言った。

「顔、かたいぜ」

「はい」

「じゅりあもひどかったから、最初」

「はい」

「水割りも作れなかったから、あいつ」

「はい」

「ほとんど飲めなかったしね」

「はい」

「疑ってる?」

「はい」

「だよな!」

「はい」

「いや、ほんとだって!」

「はい」

「ほんとなんだって!」

みなとさんは、なぜか大爆笑しはじめた。そして、男前な表情だろうと本人が考えているだろう顔にスッと戻して、こう言った。

「まあでもね、いろんな客いるからさ、俺みたいな客ばっかりじゃないからさ」

さっき似たようなこと聞きました。

「何でも、聞いてよ」

「はい」

「困った子、みたくないから」

みなとさんは、決め顔で、さらにわたしの頭を手でトントンと叩きながらもう一度言った。

「困った子、みたくない」

「はい」

「俺ね、優しすぎるって言われるんだけどさ」

「はい」

「いい人ねーとか言われてさ、この性格だからかな」

「はい」

「いい人にみえるんだ？」

「はい」

「みえる！」

「はい」

「いい人で終わるって、おいおい、俺いい人じゃねーって！」

みなとさんは、またもや大爆笑をしはじめた。そして、例の表情に戻って、こう言った。

「まあ、気をつけな、俺みたいな客ばっかりじゃないからさ」

わたしは、この人は、壊れた人形なのかと思いはじめた。

またもや決め顔で、言った。

「なんでも、聞いていいよ」

「はい」

みなとさんはタバコを白いシャツの胸ポケットから取り出した。そのタバコの中から、赤い１００円ライターを取り出した。

「ほらほら」

「はい」

「タバコ、くわえてまーす」

「はい」

「基本基本」

「はい」

「わからないんだ」

「はい」

「こりゃ、鍛え甲斐《がい》があるな」

タバコに火をつけることはもちろんわかっていたが、もはやカラダが拒否反応を起こしはじめていた。壊れた人形を前に、わたしも壊れはじめた。

「ほら、これもって」

みなとさんは、わたしの手を握り、そこに１００円ライターを押し込んだ。

「世話かかるなあ」

そして、決め顔で言うのだ。

「そこを親指でシュッてやると、火がつくんだぜ」

わたしは、もう、叫び出したかった。

そして、わたしは、自分のライターを取り出し、右手にみなとさんのライター、左手に自分のライターをもち、無言で火をつけたり消したりしはじめた。火はとてもうまくついたり消えたりしていた。

「おうおうおう」

みなとさんは動揺していた。そして、大きな声で言った。

「チェンジチェンジ！」


みなとさんがご機嫌ななめになり、途中から様子をみていた、じゅりあさんが3番テーブルに急いできた。


「あっち、行ってて」

わたしに小声で言うじゅりあさんは、なぜかとても優しい声だった。

そして、

「みなとさ～ん、じゅりあも飲みたいです～」

と、あっという間に、みなとさんを懐柔した。

クビかな、クビでいいや。

わたしはその後、どこの席にもつかなかった。ただただウーロン茶を飲みながら座っていた。

お客さんが落ち着いた頃、じゅりあさんがわたしの元へやってきた。

「大丈夫～？」

「あ、はい、すみません」

「も～、どしたどした～？」

「あ、はい、すみません」

「初めて？」

「はい？」

「こういう仕事？」

じゅりあさんは大体語尾を上げた。

「いえ、何度か。でも、うまく接客できなくて」

「うん？」

「だいたいクビになってます」

「えー？」

「はい」

「慣れてるかと思った〜」

「いえ、全然。男の人の面白くない話を面白そうに聞くことができないし、下ネタも本当にダメでお酒飲んでる人もダメ」

「えー」

「一番苦手な仕事なんです」

だったらバイトしなきゃいいのだ。

「えー、そうなの〜？」

「はい、すみません。迷惑かけちゃう、いや、かけてますね、もう。だから、今日だけで、もう明日からは、やめておきます」

「いなよ〜」

「え」

「いなよ〜まじで」

じゅりあさんは、わたしを引き留めた。なぜだろう。ライバルにはならないと判断したから途端に優しくなったのだろうか。そのときから、じゅりあさんは、わたしにとってお節介がすぎるいい人になった。

それからしばらくは、わたしにしては珍しく水商売のバイトが続けられた。じゅりあさんのおかげだと思う。客を怒らせたり、チェンジされたり、問題ありのホステスではあったが、大事になる前に、じゅりあさんが飛んできてくれて、客を宥《なだ》め、店との間にも入ってくれた。事なきを得ると、じゅりあさんはわたしにウインクした。

わたしが、なすびをクビにならなかったのには、もう一つ理由があった。上客が、わたしをいつも指名してくれたのだ。

こいづかさんという名前の、おじさんとおじいさんの狭間にいる人だった。背が低く、いつも下を向いていて、なぜだかわたしを指名するのだ。

わたしのために、フルーツ盛りをいつも頼み、ボトルを入れた。

こいづかさんは、口数が少なく、というか全く話さないので、わたしたちはいつも横に並んで押し黙っていた。もしかしたら、話しかけてくるホステスが苦手なのかもしれない。黙って隣にいてほしい客と、話さずにバイト代がほしいホステス。わたしたちは、求めているものがおなじだったのかもしれない。

こいづかさんは、1時間半くらいいた後、「かえります」と言って帰っていった。

そして、数日のうちに、また来るのだった。

ある日、こいづかさんは、1枚の紙を持ってきた。安っぽい机の上に、ペラペラの紙が机上の水を吸っていた。珍しく、こいづかさんが言葉を発した。

「マンション、買ってあげようか」

わたしは耳を疑った。

え、わたしに、マンションを買う？　わたしは、机の上の白い紙をみた。そこには、間取り図が書いてあった。分譲のチラシだった。

「これですか？」

わたしは目を疑った。

ここに住んでくれないかと。驚いた。そこに載っていたのは1K6畳の物件ではないか。

ホステスが買ってもらう場合のマンションというのは高層のベイブリッジがみえる、そういうものかと思っていた。しかもこれはマンションではなくて、アパートだ。

「マンション、買ってあげるよ」

こいづかさんが言った。

わたしは、悪い夢をみているような気がした。わたしは何をしに上京したのか。ホステスをはじめて、マンションを買ってもらえる、シンデレラストーリーだわ、アパートだけど。これを断ると、明日から、こいづかさんは来ないだろう。

「さくらちゃんは」

「……」

「こんなところにいてはいけないと思います」

「……」

「きちんとした生活をして」

「……」

「笑って」

「……」

「いてほしいです」

「……」

「さくらちゃんといると」

「……」

「癒やされます」

こいづかさんは、ふーと、大きなため息をついた。きっと一生分話して疲れたに違いない。

この人は、わたしといると、癒やされると言った。

大丈夫だろうか、この人は。

わたしは、ただ黙っていただけで、癒やせるチカラなどない。癒やしたいとも思わない。

こんなところにいてはいけない、というのは同意する。わたしには、ここはあたたかすぎる。ここは、きちんとしすぎている。

わたしには、ドブが似合っている。

わたしはわたしが嫌いだから、わたしのことを好きだという人を一番信用できないのだ。


この好きでも嫌いでもないオトコをアパートで待ちながら暮らすより、わたしは大嫌いなオトコと野垂れ死ぬ人生を選びたい。


離れた席のじゅりあさんと目があい、じゅりあさんはウインクしてきた。わたしは、ぺこっと頭を下げた。

翌日、わたしは無断でなすびを休み、二度と行くことはなかった。

ロイヤルホストの夜

新宿Ｆｕ－のライブが終わった。今日はそこそこウケていた。

そんなことより、最悪な１日だった。

新宿Ｆｕ－のネタの前に待つ場所は外だった。一緒にライブに立つ芸人は、ほとんどが男芸人だった。そして、ほとんどが先輩だった。

「おい」

知らない男芸人に呼ばれた。

「こっちきて、ちょっとみて」

その男芸人は、ベンチにいて、そのまわりには何人か男芸人がいた。

わたしは、ベンチまで近づいた。すると男芸人の１人がパンツを下ろしていた。

わたしが、それをみると、まわりの男芸人たちがワッと笑い出した。

わたしは、その場を立ち去ろうとした。

「なんだよ、冗談通じねーな、おばさん」

そんな声が後ろから聞こえてきた。28歳のわたしのことを、もっと若い芸人たちは、おばさんと呼んだ。おばさんと呼ぶことで笑いがとれるとも思っていたようだ。若い女の客はクスクスと笑っていることもあった。そんなときはいつも屈辱的な思いをした。

わたしは下ネタが本当にダメで、吐き気がし、その場を立ち去りたくなる。過去の何かがそうさせるのだと思うが、なぜだか、わたしは今日のような目にあうことが多かった。

もちろん、それはごく一部の男芸人である。多くの男芸人は、わたしに予想もつかない幸せな時間をくれた。それは、笑いという時間である。どんなに辛くても心から笑う時間をくれた。わたしは、お笑い芸人さんを知れば知るほど尊敬もした。わたしの欠点を面白がり、あたたかい笑いにかえて、そんなことをしながら不器用なわたしのことをみんなに説明し、多くの仲間の中に入れてくれた。わたしは自分を少し認めることができたし、自分で自分を笑うことができた。欠点も愛すべき自分の一部だということを教わった。

新宿駅まで、とぼとぼと歩いた。だんご3兄弟の歌がどこかの店から聞こえていた。わたしは相変わらずユニクロのフリースを着て、ジーンズをはいていた。いつものように、衣装を入れたカサカサとした大きなビニールのふくろを肩から下げていた。

　2月のここぞとばかりの寒さが身に染みた。消費者金融という名の銀行に入ってお金をおろし、タクシーで中野まで帰ろうかと思ったが、その元気がなかった。急ぎ足で帰りたかったが足取りは重かった。肩から下げた荷物が時折道ゆく人にぶつかるたび、小さな声ですみません、と言った。

泣きたかった。

本当は、男芸人にからかわれたときに、泣きたかった。

あそこからずっと涙を我慢していた。

泣くようなオンナだと思われたくなかった。こんなことで泣くような。

だったら、

「やめてくださいよ～」

と、返せばよかった。困ったときの、やめてくださいよ。言えばよかった。言えば、冗談が通じる、と思われて、仲間になれたのかもしれない。仲間？　あんな品のない、つまらないことをする人たちの仲間になりたい？

なりたくない。けれど、一人にも、なりたくない。

わたしは、大きくため息をついた。

新宿はいつにも増して人が多かった。気づけばバレンタインデーが近かった。同い年くらいの女の子たちは、キラキラしてみえた。女の子同士で楽しそうに歩いたり、彼氏に寄り添って歩いていた。

わたしは、20代後半の女の子の一般的な楽しみを一切経験していなかった。同級生とあーだこーだ話して笑ったり、恋愛の話をしたりグアムに行ったり。それって、きっと、楽しいんだろうな。


わたしは、孤独だった。

友達なんて、いるのかな。

そんなもの、いらないか。


なんとしても売れなければ。

大きくまとまったお金を手に入れるには、それしかない。

親の嫌がるこの仕事で成功すればいい。

きっと、孤独も埋まる。

いろんな人が知ってくれて、お金が入れば、何もかも埋まる。何もかも、うまくいく。

ゴールがみえない挑戦は、辛い。

本当に売れるなんてことがあるのか。

しかし、もう仕方ないのだ。

他に案がない。

劇場からJR新宿駅まで、わたしはひっきりなしにため息をついていた。人の波に逆らったりついていったりしながらホームにいた。わたしはいつも早く帰れる中央線を避けて、各駅停車だが、わりあいと人の少ない総武線を使っていた。ちょうど音楽が流れ、総武線各駅停車三鷹行きがホームに入ってきた。東京の電車は長くて、なかなか止まらず、せっかちなわたしは、早く止まればいいのに、と思った。わたしは、ずっとピアノを習っていたからか相対音感があり、ホームに流れる音楽を頭の中でピアノで弾いた。

「♪レシーシシドーシソラララシミーレソ」

そのフレーズを頭の中で繰り返しピアノで弾きながら、後ろのサラリーマンに押されるように車内に入った。座ることはできなかったが、さほど混んではいなかった。わたしは入ってすぐのドアの近くに立ち、「発車します」の合図で閉まったドアにもたれた。足の甲の上に衣装の入ったビニールのふくろを置き、外をみた。たぶん大久保駅あたりの景色は寒々しくて、車内からよくみる風景なのだが、全く覚えていなかった。ドアに息がかかると、曇った。わたしは、右手の人差し指で曇ったガラスに落書きした。

「死ね死ね死ね死ね」

視線を感じて隣をみると、カラフルなコートを着たとても背の低いおばさんがじっとみていた。わたしは目を逸らしたが、また視線を感じて、おばさんをみると、わたしを凝視していた。わたしも、おばさんを見つめた。おばさんとわたしは、大久保から東中野までずっと見つめあった。もし恋人同士であればどれほど愛しあっているのだろうと感じるような長い時間だった。わたしは、ちょっとロマンチックな気持ちにもなりかけた。バレンタインデーだし、恋愛はやはり冬がいい。頭の中には、ワム！のラスト・クリスマスが流れはじめた。バレンタインデーなんだけど、恋といえばラスト・クリスマスである。イントロは、わたしを冬と恋と切なさの世界に連れていってくれる。高校のとき、何かのクラブに入らねばならず、仕方なく英語クラブに入った。そこで、何か英語の歌を訳さなくてはならなくなり、仕方なくラスト・クリスマスを訳した。最後のクリスマスだと思っていたラスト・クリスマスが、「去年のクリスマスなのか！」と大発見したことを思い出した。あとの歌詞の意味はあまり覚えてはいないが、去年のクリスマスの思い出と恋人を思う歌だろう。

ワム！がかかり、冬の新宿からの総武線の中で見つめあうなら、その相手はキムタクがいい。頭の中で、おばさんをキムタクに変えた。キムタクが大久保から東中野までわたしを見つめている。

「ねえ、みんな、みてるよ」

わたしは俯《うつむ》きがちにキムタクに伝える。

「みてねーよ」

「え、だって、みてるよ。みんなみてる」

「みてねーよ」

「みてるって。キムタクが総武線に女の子と乗ってるってみてるよ」

「みてねーよ」

「みてるんだって。まずいよ。次で降りようよ」

「降りねーよ」

「すごい、みられてるんだって！」

「オレは！」

「なに？」

「お前しかみてねーよ」

わたしは顔をあげて、キムタクをみた。まわりの人なんて、関係ない。いまのわたしたちにとって総武線はシンデレラエクスプレスだ。となると2曲目は山下達郎のクリスマス・イブだ。

ああ、わたしのキムタク。

わたしはしっかりと前をみた。目の前には誰もおらず、少し目線を左下にやると、わたしを見つめているのは小さなおばさんだった。おばさんが見つめている理由は、多分、「死ね」と書いたことに対する無言の抗議だった。

わたしは、ため息をついて、おばさんから目を逸らした。そして、

「死ね死ね死ね死ね」

の後に、

「自分」

と書いた。

「死ね」の文字は、水滴が垂れて死にかけていた。

「死ね死ね死ね死ね自分」

と書いたものを右手で消して、わたしは外をみた。東中野を出て中野に向かう景色がみえた。住宅街が広がっていた。

わたしを知っている人は誰もいない。


中野駅に着き、降りると、大勢の人が一緒に降りた。人気の駅だった。慣れた足取りで改札口に向かったが、なんとなく家に帰る気がせず、ファミレスに行ってみることにした。確か、今日は先輩がネタを書いていると言っていた。先輩に電話をすると、「青木がファミレス行くなら、いまから向かいますよ」と言った。じゃあ先に行ってますね、と伝えて、北口を一旦出てから南口の方へ向かい、マルイの前を通って中野五差路に出るとロイヤルホストがある。いつもと同じように2階の入り口から店内に入ると、いつもの女の店員さんに、

「おタバコ吸われますか?」

と聞かれ、

「はい」

と答えた。

ほとんど毎日このやり取りをこの店員さんとしているのだが、毎日「おタバコ

吸われますか？」と聞いてきた。この店員さんは、如何なるときもマニュアル通りにわたしに接した。それとも、わたしが今日こそ禁煙するに違いない、と思っているのだろうか。

わたしは、連れがまもなく来ますから、と言って窓際の席に座った。毎日ドリンクバーしか頼まないのだが、店員さんは分厚いメニュー表を毎回持ってきてくれた。そのメニューを席に置く前にわたしは「ドリンクバー」と頼んだ。店員さんは「ご注文繰り返します、ドリンクバーをおひとつですね？」と言い、わたしはそれを聞きながら、ホットコーヒーを取りに席を立った。

店内はとても暖かく、ホットコーヒーもとても温かく、ようやくわたしは落ち着いてため息をついた。

今日はいろんなことがあった。いいことがなかった。今日は、ではないか。上京してからいいことなんてないか。上京してからではないか。物心ついてから、いいことなんて、ないか。いいことなんて、1個もないよ。

「お疲れ様です」

先輩が、寒いな〜と言いながらコートを脱いだ。先輩はいつもウエストポーチに荷物を全部入れていた。

「コーヒーでいいですか？」

わたしは、先輩のコーヒーを持ってくるためにすぐに席を立った。この気遣いをなぜ、ホステスとして活かせないのかなあ、と思った。

「寒いですねえ」

「今日、新宿Ｆｕｰじゃなかった？　青木」

「はい、出てきましたよ」

「どうでした？」

「どうもこうも」

わたしは、裏での男芸人とのやり取りを話そうかなと思ったけれど、やっぱりやめた。

「いや、まあ、まあまあウケてましたよ」

「なんのネタやったの？」

「エレベーターガールですよ」

デパートのエレベーターガールになりたかったが、なれずに、自宅のある公団住宅でエレベーターガールを勝手にやっている女性のネタである。

「エレベーターガール？　また？」

「やだ！　またって！」

わたしはケタケタと笑った。

「青木、他にネタねーのかよ」

「ありますよ、ありますけど」

「なに？」

「ウケないんですもん」

「だから、毎回エレベーターガールやってるの？」

「はい、あははは！」

「ネタ、作りなさいよ」

「だから」

「なんだよ」

「わたし、全然ネタ作れない！」

「すげーな」

「なにがですか」

「言い切るのがすごいよ」

「だって」

「じゃあ、なんで芸人やってんだよ」

「わかんないんですよ」

先輩は笑った。

「まあ、青木はいいや、いいと思いますよ」

「エレベーターガールのネタは、秀逸です」

「自分で言うか。まぁよくできてますよ」

「あれだけで、いけないかなあ」

「いけねーだろ」

わたしたちは笑いながらコーヒーを飲んだ。

「売れたいですねー」

「ネタ書きなさいよ」

「売れたいですよー」

「はい」

「あーもう」

「なんだよ」

「もう、ほんと、許せないですよね」

「なにが」

「なにもかも、ですね」

「なにもかもって、なんだよ」

「わかんないですね」

「わかんないのかよ」

「わかんないですよ、これが」

「なに聞かされてんだよ、俺は」

わはははは、すみません、と形ばかりの謝罪をした。

「売れたら」

「はい」

「全てが解決する気がします」

「まあ、解決することは、ありますよ」

「ぜんぶぜんぶぜんぶ」

「全部ではないな」

「解決しますよ。全部解決します」

「聞いてんのかよ」

「聞いてます」

「あ、そう」

「先輩の話は、わたし、絶対聞きます派」

「あ、そう」

「はい」

「そう」

「聞いてください」

「聞いてるよ」

「あ、後輩の話聞いてる派ですね、さては」

「で、なに」

「売れたら」

「聞いたよ」

「違う話です」

「はい」

「売れたらなんと！」

「はい」

「ジャンバラヤおごりますよ！」

「いいね」

「ステーキつき」

「いいね」

「パンケーキ」

「いいね」

「ロイヤルホストといえば、パンケーキ」

「いいね」

「ロイヤルホストといえば、パンケーキですよ！」

「わかったよ」

「あー、売れないかなあ、起きたら売れてないかなあ」

「ステーキ食いてえなあ」


わたしたちは、毎日こんなやり取りをした。眠くなって解散するまで毎日。そうすると、どんな嫌な現実も薄れていく。

今夜も先輩のおかげで少しだけ幸せな気持ちで眠ることができる。

ガイコツと三國連太郎の闘い

高円寺の雀荘は、知らないと見逃してしまうほど狭い急な階段を2階まで上がったところにあった。階段は人1人しか絶対に通れなくて、どんなに痩せていてもすれちがうことはできなかった。まず、階段下で、耳をたて、上から人が降りてこないかを確認する。もし降りてくる人がいたら、下まで降りなくてはならない。しかも階段の途中で方向転換するのもちょっと怖いので、そのまま後ろ向きで階段を降りることになる。

2階に着くと、ガラスの扉がある。ガラスには内側から遮光カーテンがかかっていて中の様子はみえない。その扉を押して開けてみないと、お店がやっているかもわからない。

店内は10畳くらいだろうか。雀卓が3つ。如何にも古い真四角の形をしたテレビは、たまに白黒みたいになったけれど、音が出るものはそれしかなかったから、とても大切に扱われていた。店の中は、タバコの匂いが充満していた。そこにホットコーヒーの匂いが混ざった独特の感じがあって、いつしか、あー帰ってきたなーと思えるほど落ち着く場所になっていた。地震がきたらすぐ逃げようと皆が笑いながら言うほど古い雑居ビルで、エアコンは、うるさい音を立てて張り切って動いてはいるが、店内はいつも薄ら寒かった。

わたしは雀荘に入り浸っていた。ほとんど毎日いた。お客さんとして通っていた。

知らないおじさんたちと卓を囲んだ。

「コーラお願いします」

わたしはいつもコーラを飲みながら、細くてスッとするタバコを吸っていた。東南戦のスタートするときは卓の皆さんに「よろしくお願いします」と挨拶をした。

「わたしが起家《チーチャ》ですね」

「そうだよ、頑張れよ」

常連のおじさんたちとは軽口を叩きあう仲だった。

「へへへ」

「へへへじゃねーよ」

チーチャだというのに、手はバラバラだった。東南西北が、1つずつあり、一と九牌が多く、ソーズも多かった。

「わー」

わたしはガッカリした声を出した。

「わーじゃねーよ」

「だって」

「だって何だよ」

「言わないですー手を伝えないですー」

「そんなもん、伝えたって勝てねーよ。早く切ってくれよ。新聞読めるぞ」

「待ってください……これは……大変な……」

「上がってんのかよ」

「ううむ。国士かもしれませんよ。ううむ、うそ、忘れて」

「早くしろよ。明日になるぞ」

「えいっ」

わたしはソーズの一を切った。鳥みたいな牌だ。

「イーソーかよ、もう国士はやめたのか」

「しっ！」

「しっじゃねーよ。大丈夫か、ポン」

「えー」

わたしはこの日も負けて帰った。

雀荘にしてはめずらしく若い女が1人で入ってきて、散々負けて帰り、しかしいつもにこやかに店を出ていく。ある日、わたし以外誰もお客さんのいなくなったとき、店長がわたしのトイメンに座って、聞いてきた。


「高円寺に住んでんのかい？」

「えーと、はい。といっても、野方です」

「なんの仕事してんの？」

「なにも、なにもー、というか、芸人を目指してて、でも、特になにも仕事ないです。ははー」

「どうやって食べてるんだい？」

「バイト、してます、たまに」

「なんのバイトだい？」

「いろいろ」

「いろいろって？」

「えー、イベントコンパニオン、とか、出会い系サイトのサクラ、とか」

「なんだ、その出会い系サイトのサクラって。大丈夫かい」

「大丈夫です」

「大丈夫じゃないだろう」

「大丈夫じゃないです」

「だろう、大丈夫じゃないよ、そんなもの！」

「うそうそ、大丈夫です！　お友達も一緒ですし」

「なに、やらされるの、それ」

「えっと、ですね、大久保に行ってですね、パソコンの前に座って、ですね」

「それで？」

「えっと、女の子のキャラクターをいくつか作って、全国のいろんな場所に出動させるんですね」

「どういうことだ？」

「ですよね、だからですね、まあとにかく全国の男の人を架空の女の子たちを使って騙《だま》してですね、課金してもらうんです。わ、言葉にしてみると、ひどいですね、ははは」

「犯罪だろう」

「犯罪なのかな」

「つかまるぞ」

「えー。困りますね、ははは」

「ヤクザだろう、それやってるのは」

「多分、そうですね。『ヤクザですか？』って聞いたことないですけど」

「聞いちゃダメだぞ」

「はい」

「大丈夫かい、そのヤクザは、あぶなくないかい」

「大丈夫です」

「なんで」

「スピッツ抱いてるんで。優しい人です、たぶん」

「スピッツって、なんだ」

「犬です。キャンキャン吠《ほ》える小さな犬」

「犬抱いてると優しいってわけじゃないだろう」

「そのスピッツ、ものすごく喧《やかま》しいんですよ、わたしたちを見張っててすぐキャンキャンキャンキャン」

「うん」

「だけど、そのヤクザが抱くと落ち着くんですよ、だからそのスピッツにとっては優しい人だと思います」

「そうか」

「この前、そのスピッツがですね」

「犬の話はいいんだよ」

「はい」

「そのヤクザはさ、ほら、あんた若い子なんだから。ほら、気をつけないとあぶないぞ」

「え、ああ、それは全然大丈夫だと思いますよ」

「ダメだよ、あぶない、あんたいくつだよ」

「えーと」

「年だよ、自分の」

「あんまり年に興味がなくて。忙しくて、ははは。28です。28」

「若いよ、あんた、気をつけなきゃダメだ、ダメだよ」

「そうですかね」

「そうだよ、そいつに目つけられたら、こわいよ」

わたしは、店長に、「あんたは価値があるんだよ、思い出しな」って言われた気がして、泣きそうになった。もうわたしはすっかりやさぐれていて、ヤクザだろうがなんだろうが、わたしを買ってくれて数百万出してくれるなら消費者金融に一気に返せるなぁと密かに思っていた。もはや、そんなことでもないと完済ってあり得ない。だけど、ヤクザはわたしをチラ見することすらなく、スピッツばかりみている。そして、スピッツはわたしに吠え続ける。現実は、そうなんです。店長、その心配は全く不要なんだ。でも、わたしは店長の気持ちがとても嬉しかった。わたしって何もないけど、まだ生きてていいのかなって思った。


「なんで、そのバイトしてんだい？」

わたしは空想の世界にあっという間にいってしまっていたが、店長は現実の話を続けていた。

「えーと、サクラのバイトは、急に休んでも大丈夫なんですよ。あと、夜中できるんです」

「急に休んでも大丈夫なのと夜中できるのがいいのか？」

「まあ、はい」

「じゃあ、ここで働いたらいい」

「え、ここで、ですか？」

「どうせ、よく来てるんだからバイトした方がいいだろう」

「えー。いいんですか？」

いいよ、いいよ、店長がいいって言ってるんだから、いいんだよと、バイトのおじさんがニコニコ笑っていた。お店には、おじさんしかいないのだ。こんな優しくされるぬるま湯みたいなところに毎日来て、わたし、大丈夫かしら。ゴツゴツとした石の上を敢えて歩こうとしていたのに、ぬるま湯につかったら溶けてなくならないかな、わたし。だけど、店長はもう、わたしに「何時にくる？」とシフトの話をはじめていた。

こうしてわたしは面接もなく、週5で雀荘で働くことになった。


50代のおじさん店長は、五島列島出身で田舎には家族がいて出稼ぎに来てる、と言っていた。店長は、本当に、いい人だった、わたしにとって。多分、大体の人にとって、とてもいい人だった。わたしには、店長が、三國連太郎にそっくりにみえた。数年後、三國連太郎を道で見かけたが全然似てなかった。だけど、すでにわたしにとっての三國連太郎は、店長の方だったから本物の方が偽者にみえた。

わたし以外にもう1人いたバイトは、池ちゃんという、多分40代のおじさんだった。海原はるか・かなた師匠に似ていた。どっちって、どちらにも似ていた。1人はるか・かなた師匠だった。池ちゃんというからには、きっと、池田か池崎か小池か、そのあたりの名前だと思うが、聞いたことはなかった。池ちゃんは、明るくてお調子者でお店のムードメーカーだった。時間があればおしゃべりしていて、店長に睨まれて、いけないテヘヘとやっていて、時間が経つと忘れてしまって、睨まれては、いけないテヘヘとやっていた。池ちゃんは、わたしの指導係でもあったから、一番話す機会が多かった。

「さやかちゃんさ、さっきさ、ウーピン切ったじゃない？　あのときテンパってたから切ったの？」

「まだでした。全然テンパらない」

「じゃあ、なんで切ったの？」

「要らなくなったからです」

「え、あれはあぶないよ、トイメンのおじさん。ウーピンいらないなら、もっと早く切るか、もっと置いてウーピンにくっつくの待つかしないと」

「そうですか！」

「人の捨て牌、みてる？」

「みて、ます」

「みてると思えないんだよね、さやかちゃんの切る牌みてると」

「みてるんですけど、みんなが、なに待ちか、全くわからないんですよ」

「わからないの？」

「捨て牌が、アン牌なのは、わかりますよ、あとは筋」

「筋も、ダメなときあるんだよね、筋って、信用できないよ」

「そうなんですか」

「さやかちゃんさ、いつも勝負！　って捨て牌なんだよね」

「かっこいいですね！」

「ははは、かっこいいね」

「ありがとうございます！」

「だけど、手をみると、まだバラバラだからビックリするんだよ！」

「バラバラなのに勝負してるんですか、わたし、かっこいいですね！」

「ははは、かっこいいか、かっこいいかもね、ははは」

「あははは」

「だから調子が悪いとき、負けちゃうんだよ」

「それ、普通じゃないですか」

「麻雀はさ、いかに調子悪いときにふらないか、が大事だよ」

「へー。池ちゃんすごい。でもわたし、役をよく知らないからなー」

「知らないの？」

「はい」

「それでよくやってるなー、すごいよ」

「ありがとうございます！」

「いやー、すごいよね」

「嬉しいです」

「いや、その、まあ、いいや」

「はい」

「洗牌しようか」

「洗牌が一番得意です」

「ははは！」

池ちゃんは、わたしの麻雀の打ち方をみていて、いつもアドバイスをくれた。だけどわたしの糠《ぬか》に釘の態度に、途中でいつも、もういいやと諦めたけど、次の日には、また捨て牌についてアドバイスをくれた。毎日毎日、捨て牌について会話した。

もう1人。バイトではないと思うが、雀荘に住んでいる居候のおじさんがいた。大柄で、眼鏡をかけていた。口数が少なかったから、どんな声をしてるのか、いつも思い出せなかった。居候のおじさんより先に、ずっと池ちゃんが喋っていたからかもしれない。居候のおじさんは、お金にだらしがなかった。あるとき、店長と池ちゃんがいなくて、わたしと2人きりになった。

「5000円、貸してくれないかな」

わたしは、耳を疑った。

この世に、こんなにお金のないわたしに、お金を貸してほしいと言ってくる人がいるなんて。環境が変わると、面白いことが起きる。わたしは、たまたま持っていた5000円を渡した。

「すぐ返すから、どうしても行かなきゃならないところがあるんだ、みんなには

……」

「言わないです」

わたしは、この居候のおじさんはこんなに流暢《りゅうちょう》に話せるんだな、とそれに驚

いた。

その日、高円寺の北口の商店街を自転車で走っていると、居候のおじさんが女の人と店から出てきた。その店はフィリピンパブで、連れていたのはフィリピンの女の人だった。おじさんはわたしに気づき、アタフタして、

「ゆるしてくれ！」

と言った。わたしは、可笑しくて仕方なかったけど、笑うのは申し訳ないような気がして、はーいとだけ言って、急いで自転車を漕《こ》ぎはじめた。男の人って、なんというか、可愛らしいとさえ思った。居候のおじさんは、翌日、なにも言わずにクシャクシャな５０００円札を返してくれた。


半年が経って、夏になった。直してもいないのになにが起きたのか急にエアコンの機嫌がよくなり、店内はやたら冷えていた。

わたしは朝起きると雀荘にきて、眠くなると雀荘を出る、という生活をしていた。家か雀荘か、というほど、そこにいた。

店長と、池ちゃんと、居候のおじさんと、わたしは、とても仲が良かった。東京砂漠で初めてできた仲間だという気がしたし、３人はわたしを心から応援してくれた。

「さやか、変な男に騙されるなよ」

店長は、いつもわたしを心配した。

「芸能界は怖いから、自分の身は自分で守れよ」

コイツには気をつけろといろんな芸能人の名前を出して教えてくれた。その情報は、週刊誌によるものだった。週刊誌って、そんなに信憑性《しんぴょうせい》があるのかしら、と思ったけれど、店長は圧倒的に週刊誌を信じていた。その芸能人の人たちはわたしなんか相手にしないよ大丈夫、と何度も言ったけれど、店長は聞く耳を持たず、何度もわたしに要注意芸能人を伝えてきた。

父親とかって、こんな感じなのかなあと、ふと思った。

娘からすると、とんちんかんな心配してと思うけれど、その本気の心配は、なかなか他人から受けられるものではなくて、お父さんのようにわたしを価値あるオンナだと思う人なんていないのよ、薄汚れてんのよ、ははは、なんて思うんだけど、あなたは価値があり美しい、と言われてしまうと、薄汚れてると自分を評価してるのはわたし自身だと気づくことになり、この気づきは大変に苦しいものとなり、心に後悔が一層一層溜まっていく。

相変わらず店長の言葉は、わたしを空想の世界へと一瞬で連れていくのだった。

「卓、立つかしら？」

気がつくと、お客さんが立っていた。たまにくる、このあたりのいろんな雀荘に顔を出しているおばさんだった。

久しぶりに、このおばさんが、きた。

数日前にウワサしていたのだ。このおばさんのお姉さんは莫大な資産家だったが、昨年亡くなったそうだ。その遺産をもらい、妹であるおばさんは、遊び歩いている。資産家のお姉さんには子どもがいなかったから、遺産はそのままおばさんに渡り、使い道もないものだから、やれ麻雀だの、オトコだのに使っている。というウワサである。

おそろしいのは、遺産が入った、と言われている時期から、麻雀で負けるとおばさんは、こう口走るようになったことだ。

「わたしね、人を埋めたことがあるの」

そして、真っ赤な口紅をベターッと、コーヒーカップにつけながらコーヒーをすすり、ピアニッシモに火をつける。

「へー、どこに、埋めたんだよ」

「東京湾」

「こわいこわい、やめてくれ〜」

みんなで笑っていた。おばさんは静かに一点を見つめて、ピアニッシモの煙を消した。お金があるからなのか、はたまたせっかちなのか、1センチくらい吸うと、次のタバコを吸いはじめた。

本当におそろしいのはここからで、数か月前、他の雀荘で、おばさんはボロ負けした。そのとき、おばさんはやっぱりこう言った。

「人を埋めたことがあるわ」

そして、おばさんをボロボロに負けさせた相手は、こう返した。

「埋めてみろよ」

ははは、と乾いた笑いがおこり、解散になった。

そして、数週間後、埋めてみろよと言ったおじさんは、高円寺から姿を消した。

そのウワサはあっという間に広まって、この雀荘にも伝わってきた。ウワサ好きのお客さんてのがどこにもいて、

「最近、あのおばさん、ここにきてるの?」

なんて、意味ありげな会話から、店長、池ちゃん、居候のおじさん、わたしで、聞いた。

「え、そんなわけないですよね、埋めるとか、あります? 映画の世界じゃないですか」

「わからん」

「家族には聞いたのかい、どこにいるか」

ウワサ好きの客が答えた。

「奥さんがダンナが帰ってこないって、高円寺の雀荘に探しにきたらしいから」

「家に帰ってないんだな」

「心当たりがないらしいよ、奥さん。突然いなくなったって」

「……」

「……」

いつになく深刻な顔つきのおじさんたちを明るくしようと、わたしは言った。

「次におばさんがきたら、いなくなった人のこと、わたしがそれとなく聞きますよー！」

店長はこちらも向かずに言った。

「さやか、余計なことするな」

これは、なにやら、深刻だぞ、ウソでしょう？　本当に人を埋めるなんてことがあるの？

その会話を昨日のことのように思い出した。

埋めた可能性のあるおばさんが、目の前にいる。

その日は居候のおじさんがいなかったから、店長と池ちゃんとわたしだけだった。

「ねえ、卓、立たないの？」

「あと1人お客さんきたら、卓立てますよ」

店長が言った。

「ねえ、この子は？　この子入れば卓立つじゃない」

おばさんは、わたしを、この子と呼んだ。

「この子は、立ち番だから、卓には入れない」

店長は、しっかりと、おばさんに伝えた。そして、わたしに、下がってろ、と目配せした。


おばさんは、待ち席のソファに座って、高そうなピカピカしたライターで火をつけて、口紅をべたべたにつけながらピアニッシモを吸いはじめた。

おばさんはとても細くて、からだにピタッとくっついているスーツを着ていた。胸元はあいていて、胸の谷間も目立ったが、それ以上に鎖骨の骨張った感じが目立っていた。短いタイトスカートから出ている足は、真夏だというのに、厚手のベージュのストッキングをはいていて折れそうなくらいに細かった。指には、ダイヤやサファイアが光り輝いていた。高いものだろうが、不思議と安くみえた。ファンデーションが白すぎて、顔が真っ白で首との色の差が激しかった。髪は長くて、パーマをかけていて、パサパサとしていた。わたしには、おばさんが着飾っているガイコツにみえてきた。ガイコツが着飾ると、こんな様子かなぁと思って遠くからみていた。

「ねえ、聞いてんの」

ガイコツがわたしに話しかけていた。

「はい、すみません」

「アリアリ！」

「はい」

アリアリとは、ホットコーヒーの、砂糖ありミルクあり、のことである。

わたしは、白いカップに、ホットコーヒーを入れて、グラニュー糖をたっぷりスプーン2杯入れて、ミルクを入れて、しっかりかき混ぜた。それを丸い茶色いトレーにのせた。接客に慣れているし、コーヒー1杯くらい運ぶのは、あまりにも当たり前の作業のはずなのに、白いソーサーにのっているカップが、かちゃかちゃと音を立てた。あ、緊張しているんだ、と自分で気がついた。コーヒーがこぼれないように、緊張がバレないように、いつもと同じいつもと同じと心で念じながら、お待たせしました、とガイコツの前に置いた。ガイコツはちらりとも見ずに、それを飲んだ。白いカップに赤い口紅がベターとついた。ガイコツはコーヒーを飲みながら、ピアニッシモをひっきりなしに吸いながら足を組んでパンツをみせながら、店長が絶対的に信じている週刊誌をぱらぱらとめくっていた。

卓の近くでは、店長と池ちゃんがいつもと違う緊張感を持って立っていた。埋められてはたまらない。

だからといって負けるわけにもいかない。

ということは、どうする？

気分よく、少しだけ勝って、帰っていただく。ガイコツを2着にする大作戦である。

そのうち、気のいい常連さんがきて、よし卓を立てようとなった。

窓際の3番卓の一番窓際にガイコツが座り、両脇を店長と池ちゃんが挟む形で座った。何も知らない気のいい常連さんは、

「久しぶりだな～暑くなったな～俺、夏は苦手でさ～」

なんて話をはじめた。いつもは調子良くのっかる池ちゃんも、緊張からか、上の空で聞いている様子だった。

わたしは、卓のうしろから、誰も埋められませんようにと願った。そして、ガイコツの手もとにある牌をみながら、みんなの捨て牌をみていたが、勉強してこなかったから、どういう展開になるのかさっぱり見当がつかなかった。池ちゃんの捨て牌の話、きちんと聞いておけばよかったと反省した。

知識のないわたしでも、その日の東南戦は、興奮した。

店長は、勝ったり負けたりしながら、ガイコツを勝ったり負けたりさせた。明らかに、そんな風にもっていってるようにみえた。

店長が、三國連太郎がカイジを演じているようにみえてきて、むちゃくちゃかっこよかった。

その夜は、この雀荘が、世界の中心だった。とても長い東南戦が2回終わり、気のいい常連さんが、

「帰ろうかな」

と言った。

「卓がわれますね、もうこの時間だとお客さん来ないかな」

店長がガイコツに伝えた。すでに朝の4時をまわっていた。

「私も帰るわ」

「ありがとうございました」

池ちゃんは、早すぎるでしょう、と言いたくなるほどの勢いで、ありがとうございましたとガイコツに伝えた。

「またくる」

「ありがとうございました」

池ちゃんは、あっという間にガイコツを追い出した。


わたしたちは、しばし黙っていた。安堵《あんど》の空気が店内に流れていた。そして、何かに勝ったという達成感が漂っていた。店長は、黙ってマイルドセブンに火をつけた。遮光カーテンを少し開けたとき、差し込む光の中でマイルドセブンを吸う三國連太郎は、映画のワンシーンのようだった。

池ちゃんは、「店長、あの捨て牌からよく読んだなー」と、興奮しながら相変わらず捨て牌の話をしていた。

そこへ、居候のおじさんが帰ってきた。のほほんとして、「あれ？　客いないの？」と言った。池ちゃんが「大変だったんだよ、殺されるところだったんだよ、だけどさ、店長がさ、まあほとんど店長だな、やっぱり店長は凄いよ」と話しはじめた。

店長が小さい声で、池ちゃん、と言った。それは言わないでいいよ、ということだったんだと思う。池ちゃんは、いけないテへへとなり、

「朝ごはん、行きませんか？」

と店長に声をかけた。

「閉めるか」

みんなで帰る準備をして、外へ出た。

わたしは一番に店を出て先頭で階段を降りた。まさにいま、朝になったという空気の中、高円寺の駅前には、夜の続きで酔っ払っているオトコや、朝が始まって急ぎ足で駅に向かうＯＬさんがいた。朝と夜が入り混じるとき、いつも駅前にはゴミを漁《あさ》るカラスがいた。カラスはぴょんぴょんと跳ねながら道路を横断していた。

店長と池ちゃんと居候とわたしは、いまは夜でも朝でもなかった。戦場から帰ってきた勇者とその仲間たちだった。

「定食行きますか」

池ちゃんが提案した。朝の５時からやっているカラオケ定食屋。おばあさんが１人でやっている、わたしたちの行きつけだった。

「ビール飲むか」

店長が言った。

「よし、今日は奢るぞ」

池ちゃんが、ヤッホーと言い、居候が、じゃあビール飲もうかな、と言った。

運命のオトコ

三重の野外イベントでミュージシャンと一緒になった。彼はギターだかベースだか、なんかそんな類いのものを弾いていて、夏のキャンプファイヤーの光に照らされて、そのなんかの類いを弾いている姿が、かっこよかった。イベントが終わり、呼んでくれたおじさんたちが、

「おう、お疲れ様！」

「こっちで飲もう！」

と、わたしはとても人気者だったが、あー、あのミュージシャンと話したいなーと思っていた。

山の上にあるそのキャンプ場は、星がキラキラ輝いていて、あたりは真っ暗で、火のぱちぱちという音しか聞こえない静けさが、やっぱり田舎はいいと思わせた。将来は田舎もいいかもしれない。と、頭に浮かんだが、大体将来ってなに。明日

をもしれないわたしが将来ってなに。誰との将来。いい加減にして。と、すぐ頭から打ち消した。

わたしは、いい感じで酔っ払っているおじさん集団から離れて、安定する石をみつけて腰掛けた。石は低くて、体育座りのようになったけど、ようやく１人になれた解放感で、ほーっとため息をつき、タバコを吸った。ふーと、息を吐いて星を見上げた。プラネタリウムみたいだった。

「お疲れ様です」

左斜め後ろから、土を踏む足音が聞こえて、左斜め後ろの石に、何かの類いを弾いていたミュージシャンが座った。足音も、かっこよかった。

斜め後ろに座るあたりも、かっこよかった。Tシャツもかっこよかったし、ジーンズもかっこよかったし、スニーカーもかっこよかった。とにかく、オダギリジョーだった。オダギリジョーなのかもしれない、と思った。

「オダギリジョーさんですか？」

「違います」

違った。

「あははは」

とりあえず笑っておいた。わたしは、思ったことをつい口にしてしまう。ロマンチックが台無し。もう静かにしておこう。彼がタバコに火をつけるライターのカチッという音が聞こえた。

ふう、と、大きく煙を吐いた音が聞こえた。誰も知り合いいないのかな、疲れていたんだろうな、と思った。お疲れ様、と心で言った。

わたしは、わたしから話しかけるのをやめた。変な感じになって、変わった奴だと言われるのが関の山だ。三重の人と仲良くなったって、この先が辛いじゃないか。わたしは帰らなくてはならないんだ。山小屋に今夜泊まって、明日には大都会に。わたしには大都会でやることがある。そう麻雀。違った。売れること。だから大都会に帰らなきゃ。


タバコを吸い終わって、タバコを小さなカバンにしまい、星をもう一度みて、立ち上がって、ぐっと背伸びをして、

「お先です」

と彼に声をかけた。

ファイヤーの方を向いて歩いていこうとしたとき、彼が言った。

「すごい星ですね」

わたしは、彼をみた。彼の顔を初めてしっかりとみた。オダギリジョーかと思

った。

「本当ですね。すごく綺麗ですね、こんなの、みたことないかもしれない」

興奮して一気に話しすぎた。

「ですね」

「わたしが住んでるところは、こんな風にみえないですから、東京」

興奮して倒置法を使ってしまった。

「俺も」

「え」

「東京」

「東京、東京からですか？　えー。そうだったんですか、こちらの人かと思った。へー。東京」

わたしは、諦めなくていい恋かもしれないと思った。

「じゃあ、山小屋泊まりですか、明日帰るんですね」

「まあ」

「へー。わたしもです。へー。ここから名古屋までも結構ありますからね、2時間くらいかかりますかね、そこから東京まで新幹線で1・5時間ですよね、東京からも結構ありますから、長い、ははは」

聞かれてもいないのに、興奮してベラベラ話す。

「はい」

「どちら方面ですか？　家」

「高円寺ですね」

「え、高円寺」

「まあ」

「あの、わたしも、高円寺」

正確には中野だけど。

「そうですか」

「偶然、すごい。へー。じゃあ、もう」

もう、恋していいですか。

わたしは頭がおかしいと思われるから、言葉を飲み込んだ。

「もう、あの、高円寺に戻ったら、また」

「ああ、はい」

わたしは、もう1本だけ、と、また石に座り、星をみながらタバコを吸った。

彼は立て続けに2本吸った。わたしたちは特に話さずに、星をみながらタバコを吸った。星はさっきよりキラキラとみえた。わたしたちの未来を予感させるようだった。将来は、田舎に来られるかもしれない。この人と、来ることになるかもしれない。そんな未来も、いいかもしれない。

彼はポツリポツリと、身の上話をはじめた。


親父の紹介でイベントに出ないかと言われたこと。

その親父は実は大手芸能事務所の社長だということ。

そして母親は愛人で、自分は愛人の子どもだということ。

だから高円寺に隠れて住んでいるんだということ。

だけど親父に言われて、来年大々的にデビューするんだということ。


ウソみたいな話だった。

初対面のわたしに、そんな話をしてくれた。これは、一体。きっと、星のパワーだろう。運命って、縁って、そういうものだろう。

彼は来年有名になる、もちろん親のことを隠して。だからカゲがあるんだ、そのカゲをわたしがどうにかできるのだろうか。もしかしたら、この恋にだけは、神様が愛人の息子を支えるエネルギーをくれるかもしれない。この、きっと最後の恋だけは。

わたしたちは、高円寺でね、と言って別れた。

その夜、山小屋でわたしは、夢をみた。亡くなった曽祖母の足が2メートルくらいあって、どこまで逃げても走って追いかけてくる夢だ。

「くわ～くわ～」

曽祖母は、入れ歯を外した口を大きく開けて、目は天井を向いて必死に追いかけてくる。

わたしは、ハッと、息を荒くしながら起きた。

この夢は何度かみたことがある。この後はラッキーが訪れる。やはり、最後の恋だ。

夜中に外に出た、さすがにヒンヤリしている。山の上だ。タバコをとりだし、火をつけた。わたしは今日のことを、きっと忘れない。

山から帰って、2日後にわたしたちは会った。彼は親父に会っていたと言った。親父は俺に申し訳ないと言っている。だからデビューしてほしいと。俺は親父の力で売れるのは嫌だ。だけど親父は言う。お前はチカラがあるから売れる、それだけだ。だから、敵が多い。才能をつぶそうとする奴等がいる。そいつらに見つかるな、売れるんだ。

彼は、とても疲れていた。わたしの家にきて、わたしたちは、その夜に関係を持った。そうなるしか、なかった。

翌日、彼と連絡がとれなかった。翌日の夜も、連絡がとれなかった。翌々日も、連絡がとれなかった。

わたしは心配になった。

何かあったんじゃないだろうか。居ても立ってもいられなかった。

高円寺に住む男の先輩に連絡し、高円寺駅近くの2階のカフェバーに呼び出した。

「先輩、高円寺、詳しいんですよね」

「まあ、うん」

「大変なことがありまして、高円寺の人がいなくなって」

「どういうこと?」

「だから、その高円寺に住んでる人、が、連絡つかなくて」

「いつから？」

「2日前です」

「もう少し待てば」

「あ、待てないです」

「なんで」

「連絡つかないのが、おかしいから。なにかあったから連絡がつかないので」

「そうなんだ」

「はい」

「警察、行ったら？」

「警察、そうですね、ただ」

「ただ？」

「名前を知らないんですよ」

「え」

「そういえば、知らない」

「住所は？」

「高円寺南口」

「家だよ」

「南口から歩いてきました」

「知らないのね、家も」

「高円寺南口ですね」

「約束してたの？」

「してません」

「なら、待てばいいじゃん」

「いや、危険です。いろいろと狙われてるって」

「狙われてんの、すごいね」

「ちゃんと聞いてください」

「なに」

「だから、有名な事務所の」

「声小さすぎて聞こえないんだけど」

「だから、声出すと、まずいから……」

わたしは小声で急いで彼の生い立ちを話し、そして、申し訳ないけどそんな関係になったわたしたちなので連絡がつかないわけはない、と話した。

「なんだそれ」

「大変なのよ」

「ウソだろ、それ」

「わたし、ウソついてないですよ」

「そいつが、ウソだよ、それ」

「え」

「どこの芸能事務所？」

「知らない、知ってても、言わないかもしれませんね。わたし、そういうタイプ」

「あ、そう。知らないなら、さらにウソだろ」

「なんで、ウソつくわけ？」

「ウソつきか、やりたかったたから」

「え」

「そんなやつだろ」

「じゃあ、なんで連絡こないわけですか」

「もう、やったからだろう」

「え、そんなことってあります？」

「あるだろ、山ほど」

「え、あります？」

「芸人なんか、そうじゃん。音楽やってるやつなんて、まともじゃないよ」

「失礼ですよ」

「まあ、そういうやつも、いるよ」

「じゃあ、仮に、ですよ、仮に先輩の説があってたとして、2度目がないほど魅力がなかったということですか」

「2度目は最初からなかったんじゃないの」

「いつキライになったんですか？」

「最初から好きじゃないよ」

「え」

「大丈夫か」

「だけど、ですよ、仮に先輩の話があってたとして、ですよ、2度目をチャレンジしたいと思うほどの技術があればよかったということですね」

「技術って、なんの」

「そりゃセックスでしょう」

「関係ないよ」

「いや、関係ありますね。あります。これは」

「あ、そう」

「技術をあげていかなくては、ならない」

「あ、そう」

「技術をあげますからと、彼に言えばいいですね」

「それで、青木の気が済むなら、したらいいんじゃない、意味わからんけど」

「言うしかないですね、連絡つかないけど」

「あ、そう」

「高円寺南口で待ってみますわ」

「え、すごいな」

「一緒に待ちません？」

「帰るわ」

先輩は帰っていった。


わたしは高円寺駅の南口にいき、壁にもたれかかり、暗い中、通りすぎる人を必死にみた。20分くらいして、先輩から、やめて帰りなさいよ、と電話がきた。いや、わたしは忠犬ハチ公ですから、と答えた。30分くらい経って、わたしは目がとても疲れていることに気がついた。

上を見上げると、星が全く出ていない夜空が広がっていた。こうして5日間の最後の恋は終わった。

「生きるしか、ないのよ」

「おそい！」

「なに頼む？」

「おそいわ！」

「ごめん。なに頼む？」

「おれ、お金ないから、水にするよ」

「わかった。水でいいよ、ゴリさんは」

「売れたら奢るわ！」

「売れないよゴリさんは」

「おい！」

「水？　熱燗《あつかん》？」

「水よ、水」

「あ、えーと、あったかいウーロン茶と、3番の定食お願いします」
「おれは、じゃあ、5番と、熱燗と、メンマ」
「それは、いらないです」
「おい！　いりますいります、お願いします」

わたしはとても忙しくなった。願いは叶った。消費者金融に借りていたお金を返済することができた。有名になった。1人で駒沢の2LDKに住んだ。タバコ臭いフリースをぬいで、タバコ臭いドルチェ&ガッバーナの革ジャンを着ていた。

同じ事務所の先輩だか後輩だかわからないゴリけんと、ウマがあっていたからか、よく一緒にいた。わたしは、とても売れていて、ゴリけんは全然売れていなかった。

わたしたちの行きつけの五本木の交差点にある中華屋は、お酒も置いてある、定食も置いてあるお店で、4人掛けの客席がいくつかあった。木のテーブルと椅子で、座り心地は良いとは言えなかったが、何時間でもその店にいられた。わたしたちは、だいたい窓際の席に座った。窓からはオリジン弁当がみえた。

中国人のお姉さんが運んできてくれたウーロン茶に口をつけた。

「おい！　カンパイは！」

「乾杯です」

「おそいよ」

はあーと、わたしはため息をついた。今日も疲れた。昨日も疲れた。明日も疲れる。

「大丈夫か」

「もー大丈夫じゃないです、いつも大丈夫じゃなーい」

「大丈夫よ、声でてるよ」

「困ったことが起きちゃって」

「それが青木さんの毎日よ」

「今日は特別困ったことなの」

「なによ」

「ＭＣをね、やることになって」

「えーいいなあ」

「やらなきゃ、なのよ」

「羨ましいわ」

「ゴリさん、かわりにやってよ」

「やりたいなー青木さん、社長に言ってよ」

「わかった」

「おい！　言うな！　絶対言わんで、頭おかしいと思われるよ」

「わたしよりはおかしくはないよ」

「そうよ、青木さんよりは、まともよ」

わたしは、さらにため息をついた。

「ＭＣをね、わたしは、やりたくないわけよ」

「なんで」

「だって、苦手だもん」

「苦手って、誰だって最初は苦手よ」

「そりゃそうだけど、そうでなくてさ」

「苦手を克服して、そうしたら本当のＭＣになるよ、ダウンタウンさんだって、そうよ」

「なんか、すごいね」

「なにが」

「経験したみたいに話すね」

「それが、おれよ」

「ダウンタウンさんに会ったこともないのに」

「みんな、そんなもんよ」

「苦手っていうかさ、別にＭＣやりたくて、この世界に入ったわけではないからさ。だけどやりたくないって。やりたくないの、本音は。でもさ、そんなん言えない、というか言ったらクビになるわ！」

「なにやりたいのよ」

「なんか、よくわからないんだけどさ」

「わからんのか」

「やってみなきゃわかんないけど、だけど、清水ミチコさんとか好き、前から、好き。ほら清水さんＭＣやってないじゃない別に」

「清水さんはバケモンよ」

「バケモンて、なに」

「真似《まね》できんよ」

「清水さんはいろんな人の物真似するけど、清水さんのことは真似できないというわけだね」

「そうよ」

「そうね、まあ、清水さんには、なれない」

「バケモンよ」

「だけどさ、誰を目標にする？　とか聞かれてもさ、そもそも誰かみたいになりたいって、そう思ったら、その人超えられないわけで、誰だって唯一無二でいいと思うのよ」

「すみませーん、熱燗おかわり」

「わたしはさ、ネタも作れないわけ、キレキャラもツライよ」

「すみませーん、熱燗」

「だいたいさ、そんなキレることないし、というかキレてくださいと言われても」

「すみませーん、熱燗くださーい」

「聞いてんの！」

「キレとるよ、青木さん、毎日おれに」

「ゴリさんには、誰もがキレてんのよ」

「……まあな」

「なに」

「なんでおれのことを、みんなが怒るんだろうか」

「明日も仕事だ」

「みんながおれに怒るのよ、急によ」

「明日も仕事かあ、行ってみないと、明日のスケジュールも、わからない」

「昨日（ビビる）大木さんに、叱られたわ」

「アウトプットばかりしている、もうスッカスカだよ、わたしの中には愚痴しかない」

「大木さんに叱られたの、きついわ〜」

「わたしは、一体どうなりたかったのか」

「大木さんなら、わかるよ、お世話になってるし」

「あんなに売れたかったのに、いまは、消えたい」

「こないだ、後輩に叱られたのよ、後輩！」

「だけどさ、もともとの生真面目さで、きちんと仕事に向かってしまう、という。キレてしまう、という。あー」

「あいつ、なんや、あいつ」

「わたしって、えらい！」

「聞いてくれ！」

「聞いてたよ」

「自分の話、しとったよ！」

「しながら聞いてた」

「さすが」

「ありがとう」

「どう思う？」

「ゴリさんに原因があると思う」

「やっぱり、そうか」

「いいじゃん」

「よくないよ」

「いいよ、後輩にさえ、叱ってもらえるって」

「よくないだろう」

「いいよ、ゴリさんの人柄でしょう」

「そうかな」

「そうだよ、後輩もゴリさんのことキライだって、しっかりゴリさんに伝えられるでしょう」

「腹立つな」

「いいじゃん、わたしは絶対後輩になんて叱ってもらえない」


「生きるしか、ないのよ」

「青木さんこわいからな」

「こわいのかな」

「こわいよ」

「そっか」

「こわくないよ」

「こわいんだよ、きっと」

「もう少し素直になったら？　誤解されたら損よ」

「わかる人がわかってくれれば、それでいい」

わたしは、もっともっとため息をついた。有名になったら埋まると思っていた孤独は、全く埋まらなかった。それどころか知らない人が自分を知っているということに、恐怖を感じた。売れはじめたら、仕事は一気に入ってきた。テレビで観ていた有名な人たちが、わたしを知っていることに、いつまでも慣れなかった。ああ、お金だけを持って売れていなかったあの日に戻りたい。

ゴリさんは、醤油《しょうゆ》を舐《な》めながら、熱燗を飲みはじめた。

「日奈久《ひなぐ》に。一旗あげたいよ」

「ひなぐ？」

「日奈久よ！　知らん？」

「知らない」

「熊本県八代市が誇る、日奈久温泉、知らん？」

「知らない」

「知ってくれ！」

「いま、知ったよ」

「アルカリ単純泉よ」

「わかった」

「リウマチによかろうもん」

「わかった」

「親父とおふくろに、一旗あげたとこ、みせたいよ」

「うん」

「売れるしかないな」

「うん」

「売れて、親孝行したいよ」

「ふーん」

「もう、売れてるのかな、もしかしたら」

「売れてないよ」

「そうかな」

「売れてないでしょう」

「わからんよ！」

「なにを根拠に売れてんのよ！　醬油舐めるのやめてよ」

「むちゃキレるやん」

「売れてないよ！　ゴリさんは売れてないよ！」

「どうした？」

「大体さ、いままで何回、もう売れるだの、売れただの、言ってきた？」

「ごめんなさい」

「さっさと謝るの、やめて」

「ははは」

「笑い事じゃないから」

「はい」

「ゴリさんがさ、おれ、有名になっちゃうから、もうごはん行けないって、わたし何度聞いてると思う？」

「はい」

「なんなの、有名になっちゃうって。なんでそう思うの、それに、だからごはん行けないって、なんなの？」

「それは、『でぶや』に出るから。全国ネットよ、『でぶや』は。だから、もう顔さされようもん、全国ネットって言ったら有名よ、そしたら、ごめん、忙しくて、あんまりごはんも行けなくなるよ」

「だからさ、で、そういうの何回も聞きましたけど。で、有名に、なってないじゃーん！」

「ならんのよ」

「3か月に1度、有名になるからごはん行けないって人、売れないよー」

「有名になると、思うのよ！」

「だけど……」

「聞いてくれ！」

「……」

「青木さん、頼むから聞いてくれ！」

「……」

「頼む」

「……」


「生きるしか、ないのよ」

「売れると思うのに、売れんのよ」

「で？」

「それで、終わりよ」

「もったいつけて、どうでもいいわ！」

わたしは、このどうでもいいゴリけんとの時間がとてもラクだった。心のうちを吐露できる数少ない友人だった。

「青木さんは売れたな」

「そうだね」

「いいなぁ」

「ゴリさんはいいなぁ」

「なんでよ」

「売れてなくて」

「おい！」

「ほんとに。いや、もー世の中全員わたしを忘れてー」

「青木さんは大変よ、顔さされようもん」

「……」

「有名になるのもツライよな」

「……」

「売れてる人、みんなそうよ」

「そうなのかな」

「仕方ないよ、それが売れるってことよ、通る道よ」

「ゴリさん、すごいね」

「なにが」

「まるで売れてきた、かのような発言」

「まあな、それが、おれよ」

「そうか、それがゴリけんですね」

「おい、呼び捨てか！」

気がつくと、お店にはお客さんがいなくなっていた。わたしはタバコを吸って、ため息をついては、ウーロン茶を飲んだ。

「明日は、あー。遅いかな、遅いわ、ふー」

「明日は、おれ、むりよ」

「そう」

「大木さんと約束」

「そう」

「生きるしか、
ないのよ」

「おれを取り合うのよ、大木さんと青木さんが」

「そう」

「おれの取り合いよ！」

「そう」

「おい！」

「なに」

「会話に参加してくれ」

「してるよ」

「もっと入ってきてくれ」

「もっとって？」

「おれは、さみしがりやよ」

「うん」

「会話に、もっと、入ってきてくれ」

「わかった」

「さみしい」

「すごいね」

「なにが」

「堂々と、さみしいって言えるの」

「そうか」

「羨ましいわ」

「さみしいからな」

「さみしい、か」

「さみしい男よ」

「で、大木さんとわたしが、ゴリさんを取り合うの、まあ、そうかもしれない、で？」

「以上です」

「わかった」

不毛な会話は、わたしを癒やした。不毛な会話が何時間もできることが、友達の証《あかし》なのかなあ。

「青木さんさ」

「はい」

「会社に言って、仕事減らしてもらったら？」

「えー」

「ちょっとオーバーワークよ」

「生きるしか、ないのよ」

「まあね」

「オーバーワークって、どんな意味よ」

「自分で言ったんじゃん」

「だいたいで使ってみたよ、まあ、そんな感じのやつだよな」

「若手がさ、仕事休みたい、とか、言えないっしょ～」

「おれは、言わないよ」

「でしょう」

「おれは、仕事ないもん」

「あったら、だよ」

「わからん」

「なんかね、言えないからさ、自然と減らないもんかね、と」

「自然と減っていかないかとか、誰かに言っちゃダメよ」

「ゴリさんくらいにしか言ってない」

「そうした方がいいよ」

「ゴリさん、言ってよ」

「なにを？」

「青木さんを休ませてって」

「(マネージャーの) べーさんに?」

「言ってよ」

「おれが?」

「おねがいします」

「口が裂けても、言わない」

「ははは」

売れてない頃に戻りたい。わたしは芸人の才能はないよ。ないことはないけど、少ないよ。もしわたしに才能があるとしたら、マネージャーをはじめとする青木さやかを作り上げる人たちの、次から次へと出てくるなかなか難しめの指示と仕事量に、しっかりとついていけたことだろう。この能力は、やはり母の教育の賜《たま》物《もの》だと感じる。やりたいわけではないことだとしても、しっかりと指示通りやる。そして相手は、あなたのため、と思っている。わたしは、やめたい、と言えない。わたしを本当に愛しているならわたしの話を聞いて、と言えない。わたしが指示通り動いて結果を出せば、きっとわたしを愛してくれるよね。それは子どもの頃と、とても似ていた。

「青木さんさ」

「はい」

「海援隊聴いたらいいよ」

「海援隊」

「母に捧げるバラードよ」

「知らない」

「最高よ」

「そう」

「おふくろがふるさとそのものよ」

「聴かないかな」

「おい！」

「お母さん好きじゃない」

「おい！」

「好きじゃないのよ」

「そうか」

「ゴリさんは？」

「もちろん好きよ」

「そう」

わたしは、ゴリけんをみた。醤油を舐めていた。親に愛されて、親を愛して、真っ直ぐで、こういう人は売れても、わたしみたいな孤独感や不安を持たないのだろうか。こんな人に生まれたかったな。

ゴリけんが、いつものように大分酔っぱらい口調になってきた。

「青木さんも大変だな」

「そうよ、大変」

「まあな、生きるって、そういうことよ」

「生きるって、そうなのかねえ」

「そうなのよ」

「そうなのかね」

「それでも人しか愛せんのよ」

「そうなのかねえ」

「苦しむのが、人よ、救うのが、歌よ」

「ふうん」

「海援隊の、人として、聴いてみ」

「ふうん」

「海援隊よ、九州の大先輩よ」

「生きるしか、
ないのよ」

「ふうん」
「生きるしか、ないのよ」

ローテーブルとベヒシュタイン

駒沢の戸建ては2世帯住宅になっていた。駒沢通りから少し入った住宅街にその家はあった。まわりのおうちも豪邸だった。2台停められる駐車場の脇には、大きな桜の木が植わっていて、春には花びらが舞い散り、クルマにペタペタとくっついた。2世帯住宅のオーナーさんは1階に住んでいて、2階をお子さんのために作ったが、いまは使っていないということで2階が賃貸に出ていて、そこにわたしは住んだ。2LDKの部屋は、リビングが20畳以上あって、壁のほとんどが窓だった。外がみえて、木造で雰囲気があって、大好きなおうちだったが、とても寒かった。

広いとこんなに寒いのか——これが大きな家に住んでみての感想だった。リビングが広いので、ダイニングテーブルを置き、ローテーブルを置いた。どちらも家具職人の友人に作ってもらった。幼馴染《おさななじみ》のその友人と交わした、「いつか必ず作ってもらうね」という夢が一つ叶《かな》った。友人は、「大切にとっておいた栗の木でローテーブルを作るよ」と喜んでくれた。一枚板の厚いローテーブルは、前で寝転んでテレビもみれて、水割りも取りやすい、という高さにしてもらったが、前で寝転ぶこともなければ水割りを飲んだこともなかった。このローテーブルは、家に来る人来る人が褒めてくれるスペシャルなものだった。初めてこのテーブルが家にきたとき、金額を聞いて倒れそうになった。40万円だという。え、高い机って、5万円くらいじゃないの？　わたしは物の価値を全く知らなかった。あまりの高さにその日は支払えず、もう一度消費者金融にお金を借りにいき、支払いを済ませた。

ピアノはベヒシュタインというメーカーの物を購入した。深い茶色の木のピアノで、リストが愛用したというピアノだ。わたしはいろんなメーカーのピアノを弾き比べて、ベヒシュタインを選んだ。力強い音と繊細なタッチ。ミスタッチが最もわかるピアノだと言われているが、そこもとても気にいった。お金を持って、一番嬉しかった買い物は、ローテーブルとベヒシュタインだ。できたら生涯共にいてほしいと思っている。

生活は一変した。

なにが違うって、お金がある。死ななくてすんだ。助かった。消費者金融各社のカードを破棄するときは、なぜだか悲しかった。ここが助けてくれたんだもの。ここともさよならして、銀行に鞍替《くらが》えする自分が裏切り者のような気がして、なかなかカードにハサミを入れられなかった。

たまにする海外旅行は、ビジネスクラスで行った。いいホテルに泊まって、いいものを食べた。

超貧乏から、急にお金持ちになったわたしは、お金の価値や大切さを考えなかった。考える理由がないというか、その頭がなかった。みんなにご馳走《ちそう》したり、貸してと言われればお金を貸したり、必要以上に衣類も買ったし、休みの日ごとにお金を使った。だけどそれ以上に仕事の日が多かったから、お金は自然とたまっていった。仕事の合間にパチンコにも行った。だけど昔みたいに興奮しなかった。どれだけパチンコで勝ったって、いまの1日の稼ぎには満たないから面白くなかった。それならば、もっとギャンブル性の高いもの、といくつか他のものに手を出してみたが、これはまずいことになる、と一旦ギャンブルからは手を引いた。

街ゆく多くの人が、わたしを知っていた。

あんなに憧れていた、顔をさされるということだが、実際に経験してみると奇妙な感じで、人が自分に対して何らかの知識と感情をもっているのは、わたしは好かなかった。

子どもたちの声が聞こえてきた。

「どこみてんのよー」

キャッキャと、小学生たちがわたしに気づかず隣を通りすぎた。ずいぶんとみんなが知ったのだな、と、このとき売れたんだ、と確信した。

売れたら祝杯をあげようと思っていたが、一体どのタイミングで誰と祝杯をあげるのか、実際にこうなると謎だった。忙しすぎて、そんな暇はないし、共に売れたことを喜んでくれるような友人を作ってこなかった。仲の良かった芸人さんだって、同じタイミングで売れてないと声をかけるのも失礼かなって思った。でも、雀荘に行ったら池ちゃんたちは喜んでくれた。

「さやかちゃん、もう忘れちゃったかと思ったよ〜」

と言われて、売れたくらいで、大事な人にそう思われたんだなって、さみしかった。

結局、有名になることで孤独は埋まらないのだということを知った。これは大きな誤算で、じゃあこの孤独はどうすれば？　と孤独の行き先は、ますます路頭に迷った。

オトコかな。オトコかもしれない。きっとそうかな。そうなんだ。結婚すれば孤独ではない。

「青木、行ける？」

わたしの楽しみは、２週間に１度の番組収録後に、さまぁ〜ずさんやアンタッチャブルのヤマザキさんとごはんに行くことだった。

「行けます行けます、絶対行きます」

わたしは、この会がとても好きだった。何を話したかよく覚えていないけど、たぶん番組の話とか、野球の話とか。スポーツに興味がないわたしに、

「次は青木の話していいよ」

と、言ってくれた。

じゃあ、と最近買ったピアノの話をはじめると、「興味ねーよ」と言いながら聞いてくれる優しい人たちだった。

何が楽しいって、あたたかかったし、認めてくれたし、面白くて笑いすぎて疲れた。この時間があるなら、売れるのも悪くないって思わせてもらえた。それほどに、そのとき必要な、貴重な時間だった。

クリスマスとかバレンタインとか、きっとプライベートの予定があって行けなかったとき、わたしは楽屋で泣いて抗議した。

「わたしは行きたいのに！」

そんな勝手なわたしに、ごめんねまた次回ね、と宥め許してくれる、やっぱり優しい人たちだった。わたしにとっては甘えられる人たちだった。世間に認められている人に認められているということも、誇らしく感じた。


家に帰ると、昔と同じようにさみしかった。

結局、わたしはわたしが嫌いだった。

自信のなさは、どれほど評価をされたとて埋まるものではなく、仕事が終わると逃げ帰るように外に出た。チヤホヤされればされるほど、自分を認める人たちから逃げたくなった。

母から手紙がきた。

「そろそろ地元に帰って公務員の人とお見合いしたらどうですか」

と書いてあった。

地元になんて帰るわけがないが、母はやはり、嫌なんだな、わたしがテレビに出ていることが。しかし売れたということは、思いのほか母にダメージはなく、逆にダメージを受けているのはわたしの方だった。

わたしは結婚した。

もちろん幸せになるために。

仕事は、砂が流れていくように静かにゆっくりと、少なくなっていった。

母になる

母と久しぶりに会ったのは、長女を出産した1週間後だった。義母に里帰り出産を提案されたが、わたしは瞬時に断った。

「さやちゃん、出産するときどうするの？」

わたしは、義母が1人で住む家から20分ほど歩いたところにある主人の実家に頻繁に行き、お茶やら夕飯やらをご馳走になっていた。大きな一軒家で、築50年の木造家屋なので隙間風が吹き込み寒かったが、広いリビングは暖房をつけホットカーペットを敷き、ホットコーヒーを飲んで温まり、何時間もそこで過ごした。わたしはお会いしたことがない義父の仏壇に挨拶し、リビングに向かうのが常だった。写真の義父は笑っていたが、時として笑っていないようにもみえ、わたしたち夫婦がうまくいかなくなってくると、どんどん怒っているようにもみえてきて、そのうち正視するのが辛くなっていくのだった。

義母には息子が3人いた。それぞれが家族を持っていて、だから、わたしには義兄が2人、義姉が2人できた。わたしの両親は離婚していたからか、わたしは家庭とか家族がよくわからなかったが、間近で義兄家族たちの生活を垣間見ることで、ああ家族とはこういうものか、夫婦とはこういうものか、と自分の中に落とし込むことができた。それはワクワクドキドキするというより、日常的で安定していて家族に起きる小さな問題を笑いながら解決していて、わたしのまわりには一切なかったものだった。義兄家族の間に入りながら、わたしは2つの家族のカタチを体験することができた。家族っていいなあと思いながら、それがわたしの求めるカタチなのかは、よくわからなかった。わたしは興奮と緊張が好きだ。義姉たちとはとても仲良くなり、昔からの友達のようであり、でもやはり同じ苗字であるという、目にみえない繋《つな》がりを感じられた。わたしは、この人たちが好きだったから、結婚して知り合えてよかったと何度も思った。

義母と過ごす時間はスペシャルな時間だった。歳上の女友達ができたような感覚があった。

リビングに行くと、ソファには、どかっと白猫が寝ていた。わたしがくると、ジャマだなぁという表情をしながらも、隣にいることをよしとしてくれる、野良猫だったその白猫は、人の言うことを不満げな顔はしながらも聞いてくれた。元々美しい猫だった。顔の広い義母のなにかの繋がりで、その白猫は、ある年に大河ドラマに出た。お姫様が可愛がっている猫として活躍した。とてもいい演技をする、という評価をうけ、翌年も大河ドラマに出た。これからの主役の不安を予感させる音楽と共に、白猫は大河ドラマでカメラ目線でアップになっていた。わたしは、大河ドラマに2年も続けてオファーされた白猫を、先輩と呼んだ。

義母は、そんな様子をケラケラと笑ってみていた。

「近くの助産院でお産することにしたんですよ！」

「助産院？　いまの人は無痛、とか、設備の整ってる病院がいいんじゃないの？」

「お義母さん！　無痛とか、病院とかってですね」

「なに？」

「注射しなきゃならないんですよ、多分」

「そうね、だから？」

「注射って、わたし、嫌いで。助産院って、注射がないんですよ！」

「そうなの？」

「病院じゃないから注射が打てないんですって」

「へー、そうなの」

「はい、だから、助産院にしました。落ち着きますし」

「そんなに注射が嫌なの？」

「血管が細いですしね、なかなか針が入らないし、痛いですし、痛いですよー」

「注射が痛いって、さやちゃん、出産の方がよほど、あなた」

「痛いんですかね」

「痛いというか、あまり言うのもあれだけど」

「だけどですね、人によっては快感に感じる、と聞きましたよ」

「そんな人いるのかしらね」

「快感に感じるから、何度も人は出産できるのだ、と聞きましたよ」

「快感ねー」

「お義母さんは、3回も出産なさってるから」

「そうよ」

「快感でした？」

「そんなねえ、さやちゃん、甘いものじゃない、だめだめ、これから出産を控えてる人にあんまり言うのはやめとかなきゃ」

「え、そんなに、でした？」

「まあね、出産は誰でも武勇伝みたいに話せることがあるんじゃないかしらね」

「だって、3回もなさったから、そんなに辛かったら、3回も」

「それは、痛みがきたときに、思い出すのよ、あーこんな辛かったか、とね」

「それまで忘れてるんですか？」

「そうね、なんか、忘れてるのよね」

「そんなことって、ありますかね」

「みんな忘れるから、また出産できるんじゃないかしらね」

「わたしは、忘れない気がしますねえ」

「忘れるわよ、きっと。産まれた瞬間に」

「いや、どうでしょうね、忘れない気がしますけどね、経験してないからわかりませんけど」

「出産って、本当にそれぞれだから。こうだっていうの、ないのよ」

「はあ」

「だって、友達と話してるとみんな違うわけよ、うちも3人とも、違ったしね、それぞれに。よく覚えてる」

「1人産んだら次はラクなんですよね？」

「そう思ってたんだけどね、そうでもなかったのよ」

「え、そうなんですか」

「なかったのよ」

「陣痛の時間が、2度目だと短くなるって」

「そう思ってたのよ私も。そんな人もいるんでしょうけど、違うこともあるのよ」

わたしは、なんだか本に書いてあることとはだいぶ違うぞと思った。義母は、出産は計り知れない神秘の力だと言った。いくら医学が発達しても何が起こるかわからないと思うのよ、と言った。わたしは聞けば聞くほど理解できなかったが、だとしたら助産院の選択はいいですね、という話で落ち着いた。

2杯目のコーヒーを淹れながら義母は言った。豆から挽《ひ》いた美味しいコーヒーだった。

「さやちゃん、助産院はいいんだけど、名古屋に帰って出産しないの？」

「帰らないです」

「助産院は名古屋にもあるでしょう」

「わたしですね」

「なに」

「猫に似てると思うんですよ」

「え？」

「いざというときは、１人になりたい」

「え」

「猫って、死ぬときは１人になるというじゃないですか」

「うん」

「姿を消すって」

「うん」

「わたしも、猫のパターンなんですね、性格が」

「死ぬんじゃなくて、出産の話よ、さやちゃん」

「まあ、そうでしたね、確かに。それくらいの覚悟というか。まあ、でも話が違いましたね、忘れてください」

義母は笑っていた。コーヒーを飲みながら、義母は話を戻した。

「お母さん、さやちゃんに戻ってきてほしいんじゃないかしらね」
「どうでしょうねえ」
「そりゃそうじゃないの」
「どうでしょうねえ」
「初めての出産で、初孫で」
「どうでしょうねえ」
「どうでしょうねえ、じゃなくて、さやちゃん」
「え、まあ、どうなんでしょうかねえ」
「せっかく、孫もできるし、お母さんと仲良くなれるチャンスかもしれないわよ」
「そうなんですかねえ」
「そうなんじゃないかしらね」
「出産ですねえ、わたし、やっぱり怖くて、ですね、そうなると一番自分が落ち着く場所を選択したいんですね」
「うん」
「そうなると、母の近くは落ち着くとは真逆のところに位置している、といいますか」

「そう」

「だから、東京にしようかなぁと」

「そう」

義母はため息をついて、続けた。

「わたしからみるとねえ、さやちゃんのお母さん、何がそこまで嫌なのかなって思うのよね」

「まあ、はい」

「わたしはね、さやちゃんのお母さん大好きだからね」

「ありがとうございます」

「仲良くなったらいいなとは思うのよ、2人の間に入れたらと思うのよ」

「ありがとうございます」

義母はいつもわたしたち母娘のことを親身になって考えてくれた。どちらかだけの肩を持つわけではなく、そしてわたしのどうしても動かしようのない母との歴史からくる嫌悪も理解してくれていた。

「まあ、ほら、さやちゃんの気持ちもよくわかるから。どうしても無理なことってあるから。それは他人がどうこう言えることじゃないからね。だけど、仲良くなれるといいわ、出産したら変わるかもしれないしね」と義母は言った。そして、

「うちの息子はそういう女性の気持ちを理解するような子ではないからね、わからないのよ」と言った。そして、「子どもができたらいい方に変わるといいわね、変わるわよ」と言った。わたしも、どこかで、それを期待した。子どもができると親に感謝できると本にも書いてあった。

3月1日の予定日を過ぎても陣痛らしきものはなく、助産院に行ってみると、「病院で診察を受けてきてください」

となった。あまりに予定日を遅れると、助産院での出産は難しくなるらしい。わたしは旦那さんと病院へ向かった。そこは、助産院で何かあったときに提携している病院だった。大きくて立派で、まず「駐車場の入り口どこなの？」となり、「ここだここだ」となり、地下の駐車場から、今度は「産婦人科はどこなの？」となり、地図をみて、「ここですね」となり、「であるならばどのエスカレーターかしらね」となり、殺菌してある空間は、あのあたたかい助産院とはあまりにも違う世界にきたな、と感じた。

しばらく待って、診察になった。病院の助産師さんたちは優しかったが、助産院の助産師さんたちに会いたくなった。妊娠中に、積み重ねた信頼というか友情というか、わたしのカラダやうちのことや性格をわかってくれているという安心感ができていたのだなぁと思った。妊娠出産とは、身も心も、まる裸になる作業なのではないかと思う。そこをサポートしてくれる助産師さんとはスゴいよなあ、この人たちマリア様みたいだけど、家でもこんな感じなのかしら、人間だから違うのかな、ボーッとそんなことを考えていると、再び診察室に呼ばれた。

はじめましての男性の医師は、パソコンの画面をみながら言った。

「赤ちゃんの心音が下がっていますのでね、このまま入院してください」

医師は臍《へそ》の緒がどうこうという説明をはじめたが、頭に入ってこなかった。「どうしよう」と「こわい」が頭を占めた。思い返せば、妊娠中はずっと不安であった。胎動がないならないでお腹の赤ちゃんが息をしているのかどうか心配になったし、吐きづわりが酷《ひど》く、ラーメンと書いてある看板をみて吐いた。水さえ匂いがある気がした。妊婦さんが読む雑誌に「妊娠中は何色?」というアンケートがあり、ピンク色と答えた人が一番多い円グラフが載っていた。わたしは明日をもみえぬいっぱいいっぱいの光が差さないグレーだったので、普通幸せを噛《か》み締めるはずの妊娠中にグレーしか思い浮かばないわたしは病んでいるのか。そう思ってきた10か月近くだった。

医師の話を聞いて、わたしの心はいよいよグレーから黒になった。助産院に連絡し、入院になりましたと伝え、一度自宅に帰り入院の準備をした。
4人部屋に入ろうと思い部屋の前に行ったら、既に入院している3人がキャッキャと歓談していた。妊娠中はピンク色の人たちで、真っ黒いわたしはとてもこの中に入って数日過ごせる気がしなかったので、個室に入ることにした。個室は1泊7万円のところしか空いていなかった。7万円て！　元気だったら大声で叫ぶところだった。滞在を決めた7万円のお部屋は7万円には見えなかったけれど、畳もついていて、シャワールームもついていて、ソファもテーブルもついていた。大きな窓からは都会とは思えない木々がみえていた。一体何日で、この7万円のお部屋から出られるのかな、と現実的な問題も頭から離れなかった。

赤ちゃんの心音は元に戻り一安心し、真っ黒がグレーにまで戻ったが、出産はこのまま病院でしましょう、となった。陣痛がきたのは入院から5日後の3月6日のことだった。最初は生理痛の酷い感じ、これなら耐えられるわ、と思った。しかし、すぐに耐えられない痛みになった。医師に何度聞いても、子宮口が開いていないので、まだまだですね、と言われた。産む瞬間に痛いのではなかったのか、話が違う、腰が砕けるのではないかと思った。助けて、というわたしの懇願に、助産師さんは、

「大丈夫ですよ、ちょっと歩いてみましょうか」

と言った。

次にきた助産師さんは、

「おにぎりを食べてみましょうか」

と言った。

次にきた助産師さんは、

「お風呂に入ってみましょうか」

と言った。

次にきた助産師さんは、

「お父さんにテニスボールでマッサージしてもらいましょうか」

と言った。

次にきた助産師さんは、

「赤ちゃんも頑張っていますよ、もう少し早く出てきてねって赤ちゃんにお願いしてみましょうね」

と言った。

ちがうちがう！　そんなことじゃなくて！　わたしは助産師さんに頼んで医師を呼んでほしいと言った。この痛みは尋常じゃないからどうにかしてほしいのです、と言った。

忙しそうにきた医師に、わたしは言った。

「耐えられないです、もう、おねがいだから、なんとかしてください」

すると医師は助産師さんにこう言った。

「CDプレーヤー持ってきてあげて、モーツァルトをかけよう」

モーツァルトを聴くと痛みが和らぐのだと言う。なるほど。なるほどじゃないわ！　わたしは意識が朦朧《もうろう》とする中、頭がおかしいのではないかと思った。

7万円の病室の中でわたしは叫んでいた。助産師さんは入れ替わり立ち替わりいろんな方がきて、あ、この助産師さんまたきたな、1日経ったのだな、と思ったりした。20時間以上経っていた。お願い意識を失わせて、と何度も何度も思ったとき、子宮口が開いたので分娩《ぶんべん》台に乗りましょう、となった。7万円のお部屋のベッドは分娩台にもなるのだった。

ゴールがみえると、人は頑張れるのだ。

自分でスッと立ち上がり、分娩台に乗った。

そして、あっという間に出産した。


産まれたばかりの赤ちゃんを抱いて、わたしは呆然《ぼうぜん》としていた。

「おめでとうございます」

「……」

「よかったです、安産で」

「え……え？」

「よかったです」

「安産……」

「そうですね、よかったです」

「これが、安産、でしたか」

「赤ちゃんもしっかり体重ありますしね」

「先生」

「なんですか？」

「この痛み、ウソでしょう、痛みが」

「お母さんてすごいですよね」

「痛すぎます、聞いていませんでした」

「皆さんそうおっしゃいますけどね、翌年また出産しにいらしたりしますよ」

「……」

「忘れてたって、おっしゃって」

「先生」

「なんですか」

「わたしは、絶対に、忘れません」

先生は、そうですか、と笑いながら部屋を出ていった。


次から次へ、義母や仕事関係のお世話になっている方たちが、おめでとう！という気持ちを運んできてくれた。でもわたしは、

「この痛みは、ウソでしょう」

と言いたかった。しかし、来てくれた人に合わせてありがとうございますと言った。


結局、出産の痛みはわたしは50歳近くなったいまも、忘れてはいない。

入院中、娘が寝ているときは、いろんなことを考えた。


わたしは知らなかった。

お産とは、そもそも命がけなんだ。妊娠出産子育ては、大業なんだ。わたしはいつも経験してみて気づく。みんなもっと最初からわかっていたのだろうか。だったらわたしは予習をしないバカだなあと思った。

わたしのバカさ加減は置いておいても、娘はとても重要な存在だった。可愛い、とか愛おしいとか、それよりもっと重たい、生活の中での最重要人物になった。

数日で病院を退院し、元々出産する予定だった助産院に3日間、赤ちゃんと共に泊まった。一戸建てのその助産院は、各部屋にお母さんと赤ちゃん、その家族が泊まれるようになっていた。わたしは2階の6畳くらいの部屋に入った。カーテンはアンパンマンで、布団カバーは犬だった。美味しい温かい和食が陶器の器に入って出てきた。作った人の顔の見えるご飯ってありがたいなと思った。友達のような助産師さんたちとの会話も楽しかった。

3日ほど経ち、家に帰る日がきた。家には、母と祖母が待っていた。わたしは、旦那さんの運転するクルマで、自宅へ向かった。母がきてるのか、と思うと気が重かった。

その頃、独身時代から3年近く住んでいた低層マンションは、ピンク色をしていた。30世帯くらいしか入らないが、中庭があり、全ての家がメゾネットになっていた。庭ではまだ学校に上がらない子どもたちが朝から晩まで騒いでいて、独身の頃はなんと騒がしいところに引っ越してきてしまったのか、子どもとは喧しいものだ、眠れなくても我慢だ、それがオトナである、と思ったが、子どもを持ったいまは、他の家が騒がしい方が気がラクだし、子どもたちの様子を微笑《ほほえ》ましくも感じるようになった。変わったマンションで、玄関の前にお地蔵さんがあった。そのお地蔵さんに毎日花を手向ける人がいた。このお地蔵さんがここら辺を守ってくれている、と言いながら毎日花を替えていた。不思議なのは、その花が造花だという点だった。

他にも不思議なことがあった。マンションに引っ越してきたとき、何のいたずらかわからないが、クルマのボンネットの上に、お寿司が一つ置いてあった。最初は、かっぱ巻きだった。鉄火もあった。納豆はベタついて困った。

変わった出来事は多かったが、当時は住みよかった。

娘の一つ上の女の子が同じマンションに住んでいて、その子のママと情報を交換したりおかずを交換したり家族で一緒に遊んだり旅行したり、それなりに楽しんで生活していた。

そのマンションに、その日、母は初めて来た。祖母と共に前日から泊まっていた。

車内では、娘はよく寝ていた。一旦泣き出すとはげしくて止まらなかったが、ずっとグズっているようなことはなかった。赤ちゃん本舗で準備してあった白い肌着を身につけて、おくるみで包んでいた。足の指のカタチが父親に似ていた。人間のミニチュアみたいな手や足の指は、可愛らしかった。

3月の半ばだが、肌寒かった。天気はよく、風がほとんどなかった。マンションの車寄せに近づくと、お地蔵さんの前には今日も造花がさしてあった。マンションの玄関前に、義母と母と祖母がいた。

義母と母は、楽しそうに話していた。義母は女子校出身だからか、いや関係ないかもしれないが、何しろどんな話でも楽しみ、聞き出し、自分の意見は強くは出さず、出過ぎず、しかしときにムードメーカーにもなり、会話を続けるのがうまいのだ。義母がいてくれると、どんなときだって助かる。今日のようなシチュエーションでは、特に。

案の定、義母のペースで母と祖母と久しぶりの再会の挨拶をし、娘をみせながら、中庭を歩いた。

玄関を入ると、すぐ右側に階段があり、そこを上がって突き当たりがリビングだった。16畳くらいの正方形のリビングで、南側は全面が窓だった。窓から他の家が見えることはほとんどなくて、青い空が広がる、開放感のあるリビングだった。窓が大きすぎて結露がひどく冬は大変ではあったが、春夏の気持ち良さの方が勝った。窓の前には大きな白い3人掛けのソファと、栗の木のローテーブルが、東側にテレビが置いてあった。リビングの北側にはダイニングテーブルがあった。さらに北側のドアを開けるとキッチンがついていた。

その日も、窓からみえる空は青かった。わたしは、娘を義兄家族からいただいたお下がりのバウンサーにそっと乗せた。生後1週間の娘は喜びも嫌がりもしなかった。そして、わたしは義母の準備してくれた日本茶を飲みながら、母がお土産に持ってきたなごやんとゆかりをみた。母が持ってきたものには手をつけるのも嫌だったので、いまおなかがすいてないので、と断った。

話はもちろん義母のペースで進んでいった。義母のチカラを最大限に活用し、和やかな雰囲気で、初孫とのご対面となった。義母といるときは、あんなに流暢に話せるのに、わたしはいちいち言葉に詰まった。状況を話すことはできるが、感情を話すことができなかった。義母は、うまく通訳してくれたり、さやちゃんはもう〜といなしてくれたりするので、わたしは、そうですね、と相槌を打ち微笑むだけで切り抜けられた。

母と祖母は、うちに泊まることになっていた。

わたしは、義母もずっといてほしいと思ったけれど、義母の家も東京、しかも近い場所だったので、日が沈む前に帰るわね、となった。

義母がいなくなり、あんなに明るかった家の中が、夕闇と共にどよんとした空気で包まれた。

わたしは、子どもを産んで母親になったけれど、母に感謝ができる娘にはなれなかったのだ、と思った。それに気づいて、わたしは自分自身にがっかりした。子どもができると世界が変わる、と少なからず期待していたのだ。そして、その期待は叶わなかった。

母と同じ空気を吸わなくてはならないリビングから、一刻も早くいなくなりたかった。しかし、そうもいかなかった。わたしは、できるだけ、できるだけ、その気持ちを悟られませんように、数日やり過ごせますようにと願った。しかし、ウソのつけないわたしは、きっと明らかに負のオーラをリビングに充満させていたのだと思う。

母は、とても愛おしそうに、孫をみていた。話しかけたりどちらに似ているると言ってみたり時折触ってみたり、指が大きいから背が伸びるね、と言ったりしていた。

わたしは、耳がツーンとしてきた。よくこんなに機嫌よくいられるものだ、わたしをこんなに苦しめて、と思った。過去をなかったことにするつもりだろうか。

わたしは、喉も詰まりはじめた。

母が娘を抱いた瞬間、わたしは、

「わたしの大事なものに触らないで」

と強く思った。

あなたには抱く資格などない。

あなたはわたしに何をしてきたのか。

あなたが幸せでいるところを、わたしはみたくなどない。

あなたはわたしと違う世界で勝手に生きてくれたらいい。

あなたがいま抱いている娘はわたしの娘であり、わたしはあなたのような失敗はしない、この子はわたしが育てる。

わたしは、あなたがいましているような無償の愛のような眼差しを向けられたことがない。いつも窮屈で、評価され、いい子でいなくてはならなかった、あなたのために。


わたしは驚いた。

こんなに母を憎んでいたのかということに気づいて驚いた。

そして、

「わたしは大事にされてこなかった、そんなわたしの娘をよく抱けるよね」

と、意味不明なことを口走った。

母は、

「なんなの」

と睨んで、

「私のことが気にいらないんでしょう、帰るわね」
と、言った。

わたしは、止めなかった。
息が荒くなった。早く出ていってほしかった。

祖母はオロオロし、
そして、パパになったばかりの男性が、わたしを軽蔑するかのようにみていた。

わたしは、どうしようもないのだよ、と思ったが、
彼に言っても仕方ない、とも思ったし、
一番理解してほしい人に、理解してもらえないツラさと、
わからない人からすると軽蔑されるべきことをしているのだという実感と、
ああ、もう一生母といい時間を持つのは無理だなという確信を持った。

娘が泣いて、わたしはおっぱいをあげた。
わたしの中のどろどろとした親への嫌悪を、娘が飲んでいるのではないかな。

いつか、同じ目にあうのかな。

娘はまだ見えない目でわたしをジッと見ていた。

肺の影

「ガンだねえ」

「え！」

「ガンだよ、これ」

「軽っ！」

「なんですか？」

「いや、ガンていうの、軽いなって」

「ガンだからねえ」


43歳のときの人間ドックで肺のCTで引っかかり再検査にきた。3年前から、人間ドックを受けるようになった。きっかけは先輩からの誘いで、

「毎年一緒にやれば忘れることないから」

ということで、かなりしっかりとした高額の人間ドックをやることになった。40になったばかりで、特別カラダに不調があるわけでもなく、病気があるとも思っていなかったが、安心料だと考えていた。朝の8時に病院に入り、先輩と話しながら受付を待った。


「もう1年経ったんだよ」

「ほんとに、早いですね」

「体重。全然落ちてない」

「わたしもです」

「去年注意されたのに」

「わたしもです」

「なにもしてない」

「わたしもです」

「むしろ増えてる」

「わたしもです」

「帰りたいよ」

「わたしもです」

「思い切って、帰る？」

「帰りますか」

「帰らないよ」


先輩とわたしは、人間ドックのとき、病気のことより、体重のことを話した。

もちろんなにかみつかったらどうしよう、という心配はあったが、わたしは、あまり自分が病気になるということに、リアリティがなかった。

毎年病院が推薦してくれた一通りの検査を受けた。体重身長目耳脳胃骨婦人科。きっとだいたいのもの。実は1年目の人間ドックから、肺に影がある、と再検査になっていた。その影は小さかった。もし、これが癌《がん》だったとしても悪さをするような大きさのものではないし、癌だとも言い切れない、毎年検査をして、もし大きくなったら癌の可能性があるので、そのとき考えましょう、と言われていた。

1年目の再検査のとき、お医者さんに、わたしはこう聞いた。

「タバコって、やめた方がいいですかね？」

お医者さんは、ゆっくりと振り向いて、こう言った。

「……どう、思います？」

「えーと、はい、はい」

このとき、やめたりやめられなかったりし続けていたタバコをやめた。

わたしは、いろんなことを思った。

お医者さんでも簡単に癌だとわからない場合があるのだなということ。

わたしが癌。しかも肺。それは、ないと思う。

死ねない。娘がまだ小学校に上がったばかりだし、入院だってできない。

そして一番嫌だったのはからだの中に、癌かもしれないものを持ちながら、心の中に癌かもしれないという不安を持ちながら生活がはじまるということ。

いつも、どこかで、この不安を抱えながらの毎日は、なにをしていても頭の片隅から消えず、受験前のような感覚に似ていた。一生受験前なのだろうか。それとも。


3年が過ぎ、4年目の人間ドックで、再検査、として、しかも病院からのお手紙には、早く来てくださいという雰囲気の内容が赤字で書かれていた。人間ドックの検査結果をみるのは、そんな気分が滅入ることもないが、この結果をみて、再検査に行くまでの滅入り方は、なかなかだった。

久しぶりにタバコを吸いたくなったりした。だって、肺癌ですって言われたら、もはやタバコの1本や2本や1箱や2箱、関係ないんじゃないの。早速わたしは自暴自棄になりはじめた。いや、自暴自棄になりたかった。

なんとか、仕事や家のことをやり過ごし、数日後の再検査のために病院に行った。

医師はおじいさんで、数秒ごとに「パソコンみえなくなったよ」と看護師さんに言っている。

「あの、死ぬんでしょうか」

「死ねない死ねない、頑張ってもこれじゃ死ねない、はは。パソコン動かないよ！」

「手術、するんでしょうか」

「私が、これできたらするね。これ9割ガンだから」

「先生が手術してくださるんですか」

「しないしない、このレベルは研修医」

「研修医？」

「研修医」

「研修医、は嫌だなあ」

「私はね、このレベルだったら皇族しかやらないねえ」

「はあ」

「ちょっと！　パソコンまた動かなくなっちゃったよ！」

マウスを持つ手は心許《こころもと》ないし、わたしもこの先生に手術してもらいたくはないからちょうど良かったなあ、なんて思いながら、失礼な医者だが、重くならず冷静でいられて、この医者からの癌発表で良かったなあとも思った。

「あんたみたいな人、このまま病院こないでしょう？　ダメだよ」

「きますよ、きますけど」

「なに？」

「2か月は動けない、舞台があって」

「舞台出てるの？」

「はい」

「なんていう舞台」

わたしはチラシを渡した。

「三谷幸喜じゃないか、これは行きたいなあ、わたしはね、呼吸器内科の三谷幸喜なんだよ」

「は？」

「呼吸器内科の世界では三谷幸喜だと言われてるんだよ」

「はあ」

「チケットとれる？」

「え？」

「妻と、２枚」

「あの、２か月後でいいんですかね、手術」

「あんた、女優さん？」

「まあ、女優、まあ、これに出ます」

「女優さんなら傷がカラダにつくのはねえ、手術やめとく？」

「え？」

「傷は残るから」

「手術しなくて治るんですか」

「治らない治らない、これは」

「手術しないって選択肢もあるんですか」

「あるよ、そりゃ。自由だから。私なら絶対するけど」

「どーゆーこと⁉」

「チケットとれる？」

頭が混乱しながら、わたしは病院を出た。クルマを駐車場から出して乗り込むと、まずはやらねばならないことをやらねばば、と考えた。

会社へ連絡を入れた。

「ガンらしいです」

そこからは急いでいろいろな段取りをした。友人の紹介で東大病院で手術をすることになった。手術をするための検査を東大病院でした後、主治医となる似鳥《にたどり》先生と話した。

「舞台が終わった翌日に入院していただいて、検査を1日して、次の日に手術。大体1週間くらいの入院になると思います」

「どんな感じなんですかねぇ」

「ここの右肺の上葉部にある結節を切除しますね。大体4時間くらいで手術は終わりますから」

「そうですか」

「任せてください」

「はい」

「大丈夫ですからね」

「はい」

似鳥先生は、頼もしくて話がまともで、だからわたしはどんどん自分が病気なんだ、と理解するしかなくなっていった。

東大病院の会計待ちの椅子に座り、はあ病院は一日仕事だなあと、ふとまわりをみてみると人でごった返していて、この人たちはみんななんらかの病気を抱えているんだと思うと妙な仲間意識が生まれてきて、長年の友人たちといるよりも、そのときはその空間の方が居心地が良かった。

駐車場へ向かいクルマに乗り、エンジンをかけたところで、わたしは泣いた。とても怖かったから。逃げ出したかった。本当は叫び出したかったけど、そんな余裕も暇もなかった。保険のこと、入院中の娘のこと、仕事のこと、やらなくてはならないことが山積みなのだ。わたしはクルマの運転席にもたれて、泣いた。わたしが病気のことで泣いたのは、後にも先にもこの日だけだ。

手術が決まってからも当たり前のように毎日が過ぎていく。楽しいことがあっても不安でかき消されるし、どんなに苦しいことがあっても、もっと大きな不安でかき消すことができる。重たい石を心にかかえているかのようだ。

舞台は始まっていて、本番前に袖で出番を待っているときに、「この舞台が最後になるのかな」とナーバスになった。いや悲劇のヒロインという方が近いだろうか。悲劇のヒロイン風になろうが、癌になろうが、急に神がかった演技になるわけでもなく、いつもと同じように小さな間違いをし、反省をし、いつもと同じような評価を自分で自分に下した。癌なんだから大目に見てよ神様。

娘を数年前に離婚した元旦那に託して入院生活に入った。「ガンになりまして1週間で退院しますがその後もしばらくは本調子ではないのでよろしくお願いします」というような内容のLINEを送り、「わかりました」という返事をもらった。まわりに病気や入院のことはほとんど伝えなかった。知られたくなかった。誰に。1人だけ。知られたくなかった相手は「母」だった。

リンパ腫で闘病している母に心配をかけたくないと思った。なぜ。あんなにキライなはずの母に。いまこそ「あなたのせいでわたしは病気になった」という理解不能なあてつけだってできたはずだ。

そのときに知る。母を自分の人生から追い出すことはできないということを。憎み続けることが本当の望みではないことを。この面倒で解決できない感情を直視するには、いまのわたしは忙しすぎる。一旦蓋をして入院生活に入った。

2人部屋の奥の窓際のベッドが、1週間過ごす場所になった。

お隣とは薄いブルーのカーテンで仕切られていて、顔をみることはなかったが、大学生の女の子のようだった。

5階の窓からは緑がみえていて、さっきまではあちら側にいたのに、遠い世界のように感じた。わたしは病院に入ってとても落ち着いた。病気の仲間たちの中にいるのは心地いい。わたしが入院する前、「自分もガンだったのよ」と話してくる人のなんと煩わしかったことか。

わたしが癌だということを知った1人がマザーテレサ風の微笑みでわたしに寄り添ってきた。

「大丈夫よ」

「え」

「大丈夫だから」

「なにがですか？」

「私もね、癌だったの」

彼女は、このカード切ったわ！　という感じで、座っているわたしを見下ろしていた。

「だからね、私もね、癌だったのよ」

「はあ」

「10年以上前になるけど」

「はい」

「いま、どうかしら」

「どうって」

「私」

「なにがですか？」

「どうみえる？」

「どうもこうも」

「そう、そうなの」

「はい？」

「元気でしょう？」

「ですね」

「そう、そういうことなのよ」

「はい？」

「元気になれるって、ことなのよ」

「はい」

「大丈夫」

「え」

「治るから」

「はい」

「必ず、治るから」

「はあ、まあ……いや、わかりました」

「よかった」

「え」

「わかってくれて」

「はいー」

「力になるから」

「はあ」

「なんでも、言って」

この人は凄い。自分が癌だったということだけで、わたしを励ますことができると思っている。わたしは、いま余裕がないから、彼女に力になってもらおうなんて思えないけれど、余裕ができたら、いろいろ質問してみたいものだなあと感心した。

しかし、いまの自分には、余裕がないのだ。自分とあまりにもかけ離れた感覚の人を面白がる余裕が、ないのだ。

わたしは自分が、癌になって初めてわかった。

癌を患ったからといって癌になった人の気持ちをわかるなんてことはないのだ。状況が違う年齢が違う性格が違う。過去の病気乗り越え自慢は聞いちゃいられない。いま病気の人の気持ちは、いま病気の人にしかわからないのだ。

「いろんな書類にサインしてもらわなきゃならないんですよ」

似鳥先生は言った。

「先生、しといてください」

「ダメなんですよ〜ご本人じゃないと」

「はあい」

「手術のとき、どなたがおみえになりますか？」

「誰もこないです」

「え」

「家族には知らせてなくて、ごめんなさい、わたし勝手で」

「会社の方は？」

「1人がいいんです」

「どなたかいていただいた方が」

「先生結婚していただけますか？」

「あー残念だなあ、僕、結婚してるんですよ」

「残念～じゃあ1人で」

何かあったら連絡がいくのでお願いします、とマネージャーさんにお願いし、その問題は解決した。

「ガン保険て、どうしたらいいんでしたか？」

わたしはガン保険だけは一括で大きなものに入っている。

「ガン保険ですね、もしかしたら出ないかもしれないです」

「ガンじゃないんですか？」

「いえ、多分ガンなんですけど、もちろん手術してみないと正確なことは言えませんが、上皮内癌だとしたらガン保険はおりないケースが多いんですよ」

「初期、ということ？」

「まあ、そうですね」

「ガンなのに？」

「ガンなんですけどね、命を脅やかすものではない、という判断なのでしょうね」

「えーーー」

癌なのにガン保険がおりないという。早く見つけすぎたから？　もう少し待てばおりるのか、1000万！　頭に浮かんではダメダメありがたいのだからと頭から追い出す。このガン保険があればと浮かんでは追い出す。何度やったことか。結局おりないのだった。

　先生が話を続けた。

「手術して、とった患部の部分なんですけど」

「はい」

「持って帰られますか？」

「え、持って帰れるんですか」

「はい」

「いいんですか？」

「もちろん、ご本人さんのですから」

「えー、どうしようかな」

「どちらでも」

「みなさん、持ち帰ってどうされるんですか？」

「そうですね」

「はい」

「僕が知る限り、持ち帰られた方はいません」

「いない！」

「ホルマリン漬けにしなくてはならないのと」

「はい」
「グロテスクですね」
「なるほど」
「どうなさいますか?」
「い、いらないです」

決めなくてはならないことが多い。

「ではあとは看護師さんから事務的なことを聞いてくださいね」と言って先生は出て行った。

看護師さんからはお部屋の使い方や、諸々。何しろ書類が多いなあと辟易《へきえき》した。柔らかな雰囲気の若い看護師さんの声を、上の空で聞いていた。

手術の前々日の夕方に入院した。いろいろな検査をした。改めて肺のCTもとったし、胃カメラならぬ肺カメラというものもした。どこを切りとるのかを間違えないように、色をつけるんですよ、という説明だった。肺カメラをするときは、もちろん麻酔をしていてボーッとはしていたが、肺にカメラが入っていくときは、息苦しさがあって、決して気持ちのいいものではなかった。

様々な検査が終わり、車椅子で部屋に戻ってくると、あとは1日手術までゆっくりなさってくださいね、と看護師さんは言った。

わたしは、調子が悪いわけではなかったから、とても元気な状態で手術までの時間を持て余した。ただ、不安だけがもわもわもわもわと大きな雲みたいに心を支配していた。

夏が終わっていくような空が広がっていた。昨日までは舞台の上にいて、いまはベッドの上にいる。いまが夢なのか、昨日までが夢なのか。どちらも現実だということが、不思議だった。


わたしは、できるだけ荷物を減らしたかったから、下着と本を数冊だけ持って、あと必要なものは売店で買うか、パジャマは借りようと思っていた。小さなトートバッグ1つで入院生活に入った。1人できて、荷物1つ、ということに看護師さんは驚いていた。わたしは1週間の旅でもこのトートバッグ1つで行けるんだ、と伝えたら、えーすごい、いつも荷物増えちゃうからーと看護師さんは言った。

数年前に従兄弟《いとこ》に勧められて買ったがいつまでも読めていなかった小説を読みはじめた。舞台はハワイで、海と友達と景色と恋愛と、そんな本だった。わたしは、この本のおかげでハワイにトリップできた。大好きなハワイのことを思い出した。青い空やカラッとした空気、突然の雨、雨すらカラッとしている心地よさや、ご褒美のようなあの時間を。ハワイにいたとき以上にハワイを感じることができた。人間の想像力は、幸せな世界へ飛んでいけるのだな、と、少し感動した。

本を閉じると、夜になっていて、夜は、ますますわたしに明日からはじまる手術へのわからない恐怖を募らせた。

先生に頼んで、クスリを出してもらっていた。精神安定剤と、睡眠導入剤だった。それを飲んで、ある程度落ち着いているのか、いないのか、よくわからなかった。

カーテン越しの隣の女の子は、夜中も何度もゴソゴソと動いている。その気配を感じながら、わたしは朝まで眠ることができた。

翌日起きたら、朝から先に入れておきましょう、と点滴を入れる注射をした。わたしはとても注射が怖かった。手術なんてするんだから注射くらい平気になるかと思ったけれど、そんなことはないのだ。

時間がきて、手術室へは車椅子で向かった。

先生たちは全身ドラマでみるみたいな服を着ていたが、ドラマでみるのとは全く違う和やかな雰囲気だった。

「ちょっと待ってください！」

わたしは倒れそうなほど緊張して、何度も駄々をこねた。10分ほど駄々をこねて、ふとみると、困ったな、という空気が流れているのを感じ、観念してスタスタと手術台にあがった。

ICUで目が覚めた。数時間前にスタスタと歩いていたカラダは、全く動かず息を吸うのも苦しくて、本当に手術したんだ、とカラダが教えてくれた。

そこから数日は、出産の次にカラダが苦しいと感じる時間だった。

息を吸いきれない、咳《せ》き込むときの激痛、切ったところの痛み、動けないし動くと痛い、1番辛かったのは吐き気である。吐けど吐けど、気持ちが悪く熱が上がり、吐くたびに激痛が走るのだ。優しい看護師さんが来てくれると和らぎ、帰ってしまうとなるとまた吐きそうだからいて！　と言いたかった。

2日ほど経った頃だろうか、スッとラクになった。尿道カテーテルもとれて、シャワーも浴びた。食事もとれたし、優しい看護師さんと一緒に売店でお菓子も買えた。

ラクになったら、カーテンの外の温度や会話が耳に届いてきた。

いつも同じ時間にくる掃除のおじさんは、病院のことを知り尽くしているようだった。廊下で患者さんに話しかけていた。

「また入院してきたか！　早く退院しなよ」

「ほんとだよ〜また来ちゃったよ〜会えたから嬉しいわよ〜」

「俺になんか会ったって仕方ないだろう、早く帰れ」

「先生に言ってよ〜検査ばっかりよ〜」

「あいつは検査が好きだからな、いいよ、早く帰れ」

「梨、食べる？」

「検査しっかり受けろよ」

おじさんは、病院に掃除と会話と笑いを提供していた。

朝はおじさんの声や看護師さんたちの検温や検診などで賑《にぎ》やかだったが、昼前になるとピタリと静かになった。

わたしは、買っておいたが何年も読めなかった本を読みはじめた。海外の海辺の話で、まるで自分が海辺にいるような気分になり、とても心地よかった。外の世界にようやく目が向いた。


2人部屋のカーテン越しにいる女の子は、かなり長い間入院しているようだった。入れ替わり立ち替わり、いろんな先生がきて、緩和ケアの先生もきていたから、相当痛みがあるのかな、と想像できた。女の子は夜中も全然眠れない様子だった。だけど、女の子は決して感情をぶつけたりはしなかった。

「まだ少し痛いです」「昨日よりいいです」

落ち着いた小さな声でやりとりしていた。調子のいいときは先生たちと大学の話をしていた。

「なに勉強してるの？」

「建築です」

「へー。すごいじゃない」

「面白いです」

わたしは自分の調子が良くなったものだから、急に女の子が同志のような気がしてきて早く良くなってほしいなあと思いながら、本を読み、プリッツを優しい看護師さん以外に隠れて食べていた。

女の子のお母さんが病室に入ってきた。お母さんはいつも明るく、なぜか自分の交通手段を女の子に説明する。

「今日ね、東京駅からバスじゃなくて電車にしたの」

「うん」

「初めてだったからお母さんよくわからない」

「うん」

「東京駅までは新幹線にしちゃった」

「うん」

「結構、混んでた」

「うん」

5分くらい静かになって、お母さんは言った。

それはそれは嬉しそうに、精一杯の明るい声で言ったお母さんの言葉を聞いたとき、母がどれほど娘を思っているかがどうしても心の中に入ってきて、わたしは声を押し殺して泣いた。母になったいま、もしわたしの娘が隣の女の子だとしたら、と思うと、このお母さんの気持ちが入ってくるのが苦しすぎて、一刻も早くそこから立ち去りたくなった。

「寝れたねえ」


そして、その場にいられなくなり、先生に頼んで1日早く退院した。

わたしの1回目の肺腺癌の思い出は、同室の女の子親子でいっぱいになった。

しばらく経って、

そのお母さんの、

「寝れたねぇ」

は、わたしが子どもの頃、40度の熱を出したときのことを思い出させた。タオルで包んだ水枕にわたしの頭をおき、洗面器の氷水で、何度もタオルを冷やしては替え、のせ続けた母。そして、数時間おきに水銀の体温計で熱をはかり続けた母。とても冷えたミカンとモモの缶詰をそのときだけは食べさせてくれた母。そして、わたしが少しだけ、たぶん、5分くらい眠れたとき、

「寝れたねぇ」

と言った母を思い出した。


やっぱり、母に病気のことを言わなくて良かった、と思った。

そして、母が死ぬまで言わない、と誓った。

おばさん4人部屋

「手術しましょう」

もちろんどこかで覚悟はしていたけれど、こんなに早く、そのときがきたのはショックだった。1度目の手術から2年弱しか経っていなかった。

1回目の手術の後、3か月毎にCTをとってきた。先生はパソコンでわたしの数年前からの肺の画像を見比べながら、拡大したり縮小したりし、これですねぇ、やっぱり少し大きくなっているんですよね、これが5年前のなんですけどねと説明してくれた。わたしは見ていたけれど、丸いプツプツはたくさんあって、どれが何なのかよくわからないし、先生の言う通りにしようとずいぶん前に決めたから、先生が手術と言えば従うしかなかった。

「再発ですかね?」

「いや、再発ということではなくて、ですね」

「ちがうんですか」
「このタイプの肺腺癌になる方、女性の方に多いんですけどね」
「はい」
「できやすい、というか、癖になるというか」
「はい」
「小さいものがポツポツと出ることがあるんですよ」
「はい」
「だから、大きくならないうちにとる、というのが最善だと思います」
「はい」
「前のときもそうでしたけど、この大きさで見つかるというのはラッキーです、とても」
「そうなんですか」
「はい、そう思います」
「手術、ですか〜」
「前回よりとる部分は少なくて済むと思います、奥の方ではないので」
「そんなにいっぱい肺をとって、声出ますかね〜」
「肺って、5個ありますからね、それに少ししかとらないですから大丈夫ですよ」

「そうでしたね、5個あるんですよね」

「そんなに急ぎませんから、入院はお仕事が落ち着いたところで入りましょう」

「ありがとうございます」

わたしは、また舞台の稽古に入るところだったので、本番が終わる2か月後に入院を決めた。

2度目、という落胆もあったが、2度目という慣れもあった。前ほど落ち込むことなく毎日は淡々と過ぎていった。ただ、落ち着いているから、風邪をひかないように、体力を落とさないように、気をつかいながら生活をした。

先生が勤務する病院が変わっていたから、わたしも東大病院ではなく、新しい遠い病院に入院した。健康長寿医療センターという名前の病院は、名前から想像するにご年配の方が多いのかな、と思ったら実際にそうだった。何しろ、50近いわたしが爆裂若い方に入る病院だった。

とてもキレイな病院で、どこもかしこも広々としていた。

今回も、保険はおりない可能性が高いので、4人部屋にした。

前回の手術をしてから、生活にいろいろと変化があった。

賃貸で住んでいた家を引き払い、1LDKのマンションを購入した。外食を減らし、カラダのことを考える食事を心がけるようになった。朝早く起きて夜は眠るようになった。昔よりは素直になった。生活が整うと、心身が安定するのはわかる気がする。病気だけで悩んでいることはできないのだ。生活、仕事、学校。何があったって、泣きたくたって、それでも日々生きていくしかないのだ。悲観的ではなくて、それはわたしにとって前向きな気づきだった。

4人部屋では、もちろんわたしが圧倒的に若かった。

2人はわたしと全く同じ病気で、昨日手術が終わったおばさんと、明日手術をするおばさんだった。

明日手術をするおばさんは、

「どうだった〜?」

と、昨日手術の先輩おばさんに聞いていた。

それはまるで、「インフルエンザの予防接種が痛かった?」と聞いている子どもみたいで、怖がりながらも仲の良さが伝わってきて、いい4人部屋に入らせてもらったな、と思った。

「あなたも聞いたら？」

後輩おばさんがわたしに言った。

「わたし、実は！」

「なあに？」

「2度目なんです！」

「えーすご〜い！」

で、どうだったの？　どんな手術で、痛かった？

と後輩おばさんは、今度はわたしに聞いてきた。わたしは新人から一気にOBのような扱いになった。部屋のおばさんたちのキャラクターも手伝って、自分の病気の話をしたり、みんなの話を聞くのが愉快だった。

「それで、痛かった？」

「痛いかどうかもわからないですよ、手術中は。わかったらこわいですよー」

「まあ、そうね、そうよね」

「目が覚めたら終わってますから、大丈夫ですよ」

「そうよね、そうよ」

「痛み、はですね、麻酔がさめればあります」

「どんな？」

「咳をするとき、とか、わーって、なりましたけど」

「けど？」

「痛かったら、痛み止めしますよって言っていただけますから」

「そうよね」

「だから、安心してください」

本当は術後は痛かったし、何よりツライのは麻酔薬による吐き気であった。細かく伝えることはできた。だけどわたしは少しだけ情報をおさえながら話した。

「あなたの話聞いていたら、安心してきたわ」

と、後輩おばさんが言った。

「よかったです」

「お菓子、食べる？」

「大丈夫です、ありがとうございます」

「なんかね、子どもがね、持ってきたのよ、いらないって言うのに」

「いいじゃないですか～」

「もー、子どもじゃないんだから、毎日来なくていいっていってるのに」

先輩おばさんと後輩おばさんには、面会がきていた。その度に、薄いブルーのカーテンがしまり、ヒソヒソとした話し声が聞こえた。

わたしのところには、誰も面会に来なかった。今回は、誰にも入院する病院名を教えなかった。入院のことも、ほとんどの人に伝えていなかった。やはり、弱っているときは、誰にもみられたくなかった。本当の本当は、誰かに頼りたい。病院のベッドで、こわいよこわいよ、と泣きつき、剝《む》いてくれたフルーツを不機嫌に食べて、眠るまで手を握っていて、と言いたいときもある、ような気がする。だけど、そういう相手がいないだけ、のような気がする。

娘にも伝えるつもりは全くなかった。1度目の手術は、娘が小学校2年生のときだった。

わたしは、娘関係の付き合いの中で、最低限伝えておいた方が良いだろうと判断した人たちには、手術のことを伝えた。何しろ、最低でも6日間は入院することになる。わたしと娘は2人暮らしなので、娘は、パパ宅、そしてパパが仕事の日は娘の同級生のお友達のうちに泊まらせていただくことにした。日頃から甘えさせてもらっている娘の友人宅は、快く、そして心からわたしを気遣いながら、多くを聞くことなく、娘を受け入れてくれた。

娘が幼稚園の頃からここまで、いわゆるママ友と呼ばれる人たちにどれほど助けてもらってきたかと思う。たまたま同じ時期に母になり、たまたま同じ地域に住み、たまたま同じ学校で出会った。娘を基盤に知り合っている人たちなので、突き詰めれば、わたしの意志ではない部分で知り合っている人たちでもある。

メディアから流れてくる「ママ友」というものは、わたしに、あまりいい印象を与えなかった。もちろん育ってきた環境も仕事も年齢も違う。わたしが選んだ友人ではない。だから、一つの問題が起きたときの捉え方や対処の仕方はそれぞれで、度肝を抜かれることもあった。わたしとは違うな、と思うこともあった。だけど、子どもを育てていく過程で、わたしは学んでいく。個性。自己肯定。共生。

多くを幼稚園や学校、娘の同級生からみせてもらえた。わたし自身が、みんな違ってみんないい、ということを学び、生き直しているような貴重な時間だった。親になって気づいたことがある。自分を大切にしていないわたしには、自分の一番大切な存在である娘を、大切にするのがとても難しいのだ。

わたしは、わたしを、いつも傷つける。

娘を愛して受け入れるには、まずは自分自身を愛して受け入れるのが先だと気づいた。

それに気づけたのは、そして、それにチャレンジしようと思えたのは、ママ友という存在が大きい。悩みを吐露する相手というよりは同志のように、自分と子どもと心と、いろんなものと向き合っている姿をみせてくれた。たまたま知り合ったママ友たちは、誰だって初めての経験である親として、もがいて笑って泣いて立ち上がる姿をみせてくれた。隣にそんな同志がいることは、勇気になった。

みんな、いろいろ、あるわけで。多分。

多くを語ってきたわけではない。だから想像に過ぎないけど、わたしはママ友たちに出会えてしあわせだ。

娘に「みんなそれぞれだからね」と伝えていきたいわたしが、誰かを否定する生き方は、もうしたくない。たとえ、どれほど考え方が違っても。たとえ、どれほど、自身を否定されたとしても。

娘の担任の先生にも、入院のことを報告した。

1週間ほど、うちから娘は通いません、ということと、わたしは連絡とれませんので何かありましたら全てパパに、ということ、そんな事務的なことを伝えた後、

「先生、娘のことを、よろしくお願いします」

と、言ってみたら、しっかりとわたしの目を見て、

「任せてください」

とおっしゃった。

わたしは、この担任の先生が大好きだ。子どもをこれほどまでに大切に思えるのか、それは時として親よりも大きな存在になるということをみせてもらってきた。そんな先生が、初めてわたしの目を見てくれた気がして、ドキドキした。

ドキドキはどうだっていいのだが、わたしがいなくなっても、この人は娘の味方になってくれると、安心感が湧いた。入院までの作業は、病気以外の諸々の不安を取り除く作業でもあった。


話がズレたが、幼い娘に病気のことを伝えるつもりはなかった。時が経ち、お互いのタイミングで話すときは必ずあるだろうが、それは今ではなかった。

前回の手術のときは、1週間弱の入院と、しばらくは家でも動くのがキツいので、娘には10日間くらい別のところで暮らしてもらったが、わたしは娘に、仕事で地方にいくと伝えてあった。

元気になり、娘とお風呂に入っているときに、娘が言った。

「ママ！　胸のよこの傷、どうしたの⁉」

わたしは、焦った。

「転んだ」

「転んだの？」

「うん」

「どうやって、転んだら、そんなんなるの？」

傷は明らかにメス入れたやつでしょう、という感じの一本線のものだった。

「階段から転んで、手をあげてたら、すごく尖った一本の何かにぶつかって」

「え。びっくりした？」

「びっくりしたよ」

「気をつけてね、ママ」

「いやあ、ママ気をつける」

「ママ」

「なに」

「それ、ほんと？」

「ほんと。シャワー浴びなさい、早く」

わたしは、ウソをついたが、これは仕方ない、ということにしていただきたい

と思った。その怪我のあとは、ずっと消えなくて、娘はしばらく、

「怪我なのに、あとが消えない」

と怪しんでいたが、そのうち言わなくなった。

しかし、今回の手術で、反対側の胸のよこにも同じ傷がつく。

お風呂は1人で入ってもらうかな。

わたしはため息をついた。


4人部屋の、先輩おばさんでも後輩おばさんでもない、もう1人のおばさんのところにも面会は誰も来ていなかった。

そのおばさんは、肺ではなく、心臓を患っていた。

聞くと、何年も入退院を繰り返しているという。大きな手術を何度もしているようだった。そしてピンク色のパジャマが血に染まっていることもあって、何度もパジャマを替えていた。一体、パジャマの中がどんな状態になっているのかはわからなかったが、明らかに大病であることはみてとれた。そのおばさんは、とても丁寧で、看護師さんにもカーテンにも、優しく接していた。

今回の入院では、このおばさんと話す機会がとても多かった。お互い、面会がいなかったから、かもしれない。

「調子がいいなら、外のお庭を散歩してみない？」

おばさんから散歩のお誘いを受け、わたしは、喜んでと返事をした。

エレベーターで中庭のある階へ行き、整頓されたお庭を歩いた。外の空気は澄んでいて、だけど、しばらく病室にいたからか、とても強く感じて、健康でなければ外の世界はきびしいのだな、シャバだ、と思った。

おばさんは、

「あなたはとても優しい人だわ」

と言った。

「そうですかねえ」

「優しいわ」

「それは、皆さんが優しいから、そうなれるんですね、きっと」

「そうでなくて、あなたは、とても、優しくて」

「はは、はい」

「とても、これからが楽しみな人」

「はは、はい」

「これからの、人だから」

「ははは、はい」

「とても、楽しみ」

「ははは、はい」

わたしは、そんなことないですよ、と思っていたけど、大病のおばさんを否定することはしたくないし、珍しく褒め言葉をそのまま受け取れた。

2度目の手術前は、穏やかに過ぎた。大体こんな検査で、こんな流れでって理解していたし、想像していたよりラクに済んだ。そして、自分より大変な状態でありながら、人や物に心遣いできる人を間近でみて、できうるならこうありたい、と思うようにもなっていた。

術後、ＩＣＵで先生に起こされた。起きたところに話しかけられたのかもしれないが。

先生がこう言った。

「詳しく調べないとはっきりとしたことは言えないんですが、ガンじゃなかったです」

わたしは、うつらうつらしながら、先生の言葉を聞いた。
癌じゃなかった。
（生かされたのかな）
と少しだけ、思った。

わたしは少し学んだ。こわいのは、病気というより、これからどうなるのか、という不安である。病気のことを考えない瞬間こそ、笑える時間であり、それが未来に繋がっていく。不安は不満にかわり、いつしか負の感情が、わたしとわたしの大切な人たちを巻き込んでいく。
どうすれば不安を持たない自分になれるのだろうか。いつか誰にでも訪れる、さようならの日まで、安心感の中、笑って過ごしていたい。

自分に問う。

さあ、どう生きていく？

人生は仲直りだ！

「ママ」

「なあに？」

「ママはさ、わたしが生まれたとき、どんなだった？」

娘は、自分が生まれたときのことをとても聞きたがる。

「ママは、嬉しかった？」

「嬉しかったよ」

「どれくらい？」

「すごく」

「すごくって、どれくらい？」

「口では説明できないなあ、それくらい」

「わかんない、どれくらい？」

「無限大」

娘が、ふーんと満足そうにしている。出産は痛かった、というのが本当だが、無限大嬉しいも、いまとなっては無限大本当だ。

娘が2歳のときに、親であるわたしは離婚した。結婚も初めてだったし出産も初めてだったし離婚も初めてだった。駆け抜けた5年余りであった。

わたしは離婚と同時に5年住んだ賃貸のピンク色のマンションを出て、三軒茶屋にある細長い可愛らしい戸建てにきた。ネットで友人が探してくれたおうちで、リビングの中の写真と外からみた写真で一目で気にいり、すぐに内見の予約をした。40代のご夫婦が建てたその戸建ては、実際にみると、さらに素敵だった。細い一方通行の道路沿いにその家はあった。道路沿いには所狭しと家が建ち並んでいた。斜め前の家は、木造の2階建てで、そこだけはトトロが出てきそうな雰囲気だった。木が鬱蒼《うっそう》と繁っていて、人は住んでいないだろうと思ったら、突然仙人みたいな人が出てきて驚いた。トトロの家の隣には、平成の都内の建売を代表するような3階建ての戸建てが2軒立っていた。大正時代と平成時代が、同居しているような細い道だった。

わたしが内見にきた家は、東側に玄関があり、狭めの駐車場がついていた。玄関を入ると、右手に小さなお部屋があり、突き当たりの階段を上がると細長いリビングダイニングが広がっていて、西側以外には全て窓があった。3階に小さなロフトがついていて、2階3階は吹き抜けになっていた。何しろ日が入るように設計されていて、窓を開けても隣からは室内が見えない構造になっていて、日と光と風が楽しめる気持ちのよいおうちであった。他所《よそ》の目を気にせず、窓を開けられるのが利点だと思って住んだが、驚くほどにご近所さんの音や声が聞こえてくることに気がついた。わたしは密かにご近所さんのことにとても詳しくなった。

ある日の深夜、車のクラクションが鳴り響いた。夏の暑い日で、クーラーをつけて娘と寝ていたのだが、つけっぱなしも良くないなと思い、クーラーを切って窓を少しだけ開けて、寝付いたところだった。

パーーーーー

というクラクションが鳴り響いて飛び起きた。気持ちは飛び起きたのだが、行動はゆっくりだった。怖すぎたのだ。多分、目の前の道路、うちの目の前でクラクションが鳴っているのだが、寝ている1階の部屋から、多分5メートルと離れていないのだ。あまりにも至近距離でクラクションが鳴り響いている。音からすると、軽自動車のようだ。
そのうち
パーーーーー
という音と音の合間に、
「轢《ひ》き殺すぞ！」
というドスの利いた声が聞こえてきた。
パーーーーー
「轢き殺すぞ」
パーーーーー
「轢き殺すぞ」
パーーーーー
「轢き殺すぞ」
パーーーーー
「轢き殺すぞ」
パーーーーー
「轢き殺すぞ」
なかなか轢き殺しはしないのだな、と思った。

組の抗争だ。

ドラマでみたとき流れてきた音と同じだ。

抗争はひどくなっていった。

カチャーン！

と、クルマよりは遠くから聞こえてくる。何かが割られている。窓だ。窓が割られていっている。昔みた、「スクール・ウォーズ」の窓が割られているシーンの音と同じだ。

コワイ人とコワイ人が、対峙《たいじ》し、どちらが生き残るかの闘いを、三軒茶屋でしている。

いつ、なんどき、なにがあるか、わからない。

わたしは１１０番した。

「もしもし」

すぐに先方は電話に出た。先方というか、警察さん。

わたしは、住所と状況を伝えた。すると先方は、

「その連絡、他の方からも何件か、入ってまして」

「そうですか、何があったんでしょう？」

やはり、密集した住宅街、皆同じ音が聞こえているのだろう。

「いま、向かってますので」

「わかりました、よろしくお願いします」

わたしは、とても覗《のぞ》きたかったが、撃たれてはたまらないと、窓から顔を出す勇気はなかった。そのうち、轢き殺したか轢き殺していないかは不明だけど、軽自動車は立ち去り、直ぐにいつもの深夜の細道に戻った。たまに抜け道で人やクルマが通る程度の音になった。

警察の人たちが残っている感じもしなかった。ということは、轢き殺されてはいないのだな、と思った。

翌日、おそるおそる家から出てみると、いつもの朝の景色しかなかった。夢、だったのかな。しかし、昨夜の抗争の音は頭から離れない。そしてそのとき感じた恐怖も胸にある。

すると、電話が鳴った。

出てみると警察からだった。

ご丁寧に、昨夜の報告だと言う。

「昨日ですね」

「はい！」

「夫婦ゲンカでしたんで」

「えっ」

「痴話喧嘩ですよ、あまりご心配なさらずに」

「えっ」

「ほんとにね、お騒がせしましたって、言ってましたんで」

わたしは、どうしても信じることができず、住所をもう一度確認して、果たして同じ事件の話をしているのかを聞いた。やはり、同じ場所で起きたものをさしていた。

「ありがとうございました」

わたしは電話をきり、わたしの思い込みの強さに怖くなった。「絶対抗争だ！」という思いは、オリンピックのときの「日本頑張れ！」くらい強いものだった。それくらい、絶対だったのに。

夕方、買い物のために道に出てみると、細道沿いに軽自動車が置いてあった。もしや、これは。

駐車場の脇で奥さんらしき人が暑い中、割れた植木鉢を片付け、植物を新しい植木鉢に入れ替えていた。

もしや、これは。

奥さんらしき人は、わたしと目が合うと、すいませんねえという感じで会釈した。

これは。昨日の抗争の１人はこの細身の奥さんだったのか。

まさか昨夜のような音を出すような人には思えない。思えないんです。よほど、わたしの方がその抗争に似合っている。

これ以外にも、音は、わたしにいろんな想像をさせた。音を聞いて思い描く人は、外で会うと決して思い描いた人ではなかった。

家の中は、閉ざされた世界である。

本当のしあわせは、外から、うかがいしることはできない。

娘の幼少期は、この戸建てと共にあった。左側のお隣さんは、娘の１つ年上の女の子と、ご夫婦の３人暮らしだった。家の前での立ち話が長くなっていき、わたしはその家族がとても好きになっていった。彼らは海外生活が長く、日本のテレビをほとんど見たことがなかった。わたしのことも知らなかったし、見た目や職業や状況で人をはかることをしない固定観念のない人たちだった。わたしは、タレントであるということを忘れて、彼らと関わることができた。彼らと行動し

ているとき、わたしのことを指差してヒソヒソ話すカップルや、隠れて携帯で写真をとる人たちをみて、

「こんなこと、あるの？」

と、お隣の奥さんはわたしに聞いてくるのだった。

「うん、ある、かな。ある、まあ、あるかな」

「注意してきましょうか？」

「大丈夫、ありがとう～」

「注意してきますよ、おかしいもの」

「大丈夫、ほら、何を言われるかわからないし、迷惑かけるかもしれないから」

「えー」

「有難い、のかな。ほら、知られているってことで、知っていただいているから、こうなるわけだから。有難いです、うん」

「さやかさん、本気で言ってます？」

「え、いやあ、本気っていうか……本気かと聞かれたら本気ではないですかね」

　お隣のご夫婦は、さやかさん偉すぎる、わたしだったらムリ、失礼な人だと思うし、小さなお子さんもいるわけですから、さやかさんたちのこと考えたら、わ

たしたちがいるときは守りますよ、と話しはじめていた。

わたしは、有難くて涙が出そうになった。

職業的に、こうであらねばならない、とか、離婚して娘と2人どんなことがあったって矢面に立って歩き続けなくてはならない、と思っていた。

母から植え付けられてきた、「こうあらねばならない」という固定観念は、なかなかわたしから消えないのだが、彼らと話していると、少しずつ溶けていく感じがした。彼らはハワイからきていた。そのハワイアン精神はわたしの頑《かたく》なな心を少しあたためた。

わたしは、離婚は恥ずかしいものだ、とどこかで思っていたが、彼らはそんなところではかる人たちではなかった。

お世辞にも、真っ当な生き方をしてきたとはいえない過去があるが、彼らは、そんな話を笑いながらとても興味深そうに聞いてくれて、だからこんなに素敵な方になられたのね、と言った。

そして、わたしにハワイについて教えてくれた。ハワイの気候、風、人、海、店、食べ物、どれもこれも新鮮な情報でウキウキした。

思えばわたしが若かった頃の生活は、リゾートとか楽しむこととは、無縁だった。娘には、人生を楽しんでほしいものだ。

2歳の娘には、まだ離婚などという理解はないからよかった、と思ったが、幼稚園に行くようになり、お友達との関わりの中で、こう聞いてくるようになった。

「ママ」

「なあに?」

「どうして、パパがいないの?」

「パパはいるよ、週に1度は行っているでしょう、近くにいるよ」

「どうして、うちの中に、パパがいないの?」

「うちの中にはいないね」

「みんなのおうちには、パパがいるよ」

「みんな、ではないけどね。みんな、の使い方がね、まあ、それはいいとして。そうだね、おうちにパパがいる人も、いるね」

「うちにもパパがいてほしい」

「うん」

「パパのおうち、ママのおうちじゃなくて、ここにパパがいてほしい」

「それはね、むつかしいの」

「なんで？」

「パパと、ママは、一緒にいるとケンカしてしまうの」

「そうなの？」

「そうなのよ」

「仲良くすればいいじゃん」

「そうなんだけど」

「あやまった？」

「あやまったよ」

「じゃあ、いいじゃん」

「いや、あやまってもね。あやまったんだけど。ママとパパは2人でいると、ケンカしてしまうの。だから、別々に住むことにしたの。だけど、パパもママも、あなたをとても愛してる、わかる？」

「わかるよ」

「そういうことで」

「どういうこと？」

「だから、別々に住んでいるけど、あなたをとても大切に思ってる」

「……一緒がいい」

ごめんね、それはできないんだ、だけど、パパもママもあなたを心から大切に思っている、このやりとりを何百回したかわからない。

結婚生活に限らず、人と暮らした経験は何度かあるが、わたしだってわたしなりに頑張った。言いたいことはたくさんある。あれだってやったじゃないか、あれだって我慢した、歩みよった、そんな日々だった。「あれ」とは、いろいろだが、そんなことはなんであったって、いいとして。わたしは気がついたことがある。わたしには、被害者意識があった。多分、お互いに被害者意識が強かったのではないかと思う。わたしは、理解してもらうために北風をピューピューと吹かせていた。「北風と太陽」のように、北風を吹かせても旅人はコートを脱がなかった、太陽でポカポカあたためたら、初めて旅人はコートを脱いだのだ。そんなことをできたらよかったが、あのときのわたしにも、それはムリだった。

人間関係は、わたしにとって難題だ。一度心についた傷をとることは難しい。その相手をわたしの人生から追い出そうとしても、思い出せば傷が疼《うず》く。相手だってそうだろう。自分の傷に精一杯で、相手のことを考える余裕はなかったが、気づき反省できたことは大きい。

あんなに嫌いだった母と仲直りができたということは、一つの大きな自信に繋がった。だってわたしにとって、母ほど嫌いで苦手な人は他にはいなかったから。もしかしたら、誰とでも仲直りできるかもしれない。わたしは密かにそう思っているし、そう願っている。

「ママ、ボディクリームってこの香りしかないの？」

小学生も高学年になった娘がｉＰａｄをみながら言う。

「ないかなー」

「ちょっと香りキツいんだよね、学校って香りヤバいから」

「うん」

「足のここ、かさかさだからさ、体育のとき気になる」

「乳液つけたら？」

「顔のでしょ？　ヤバくない？」

「顔のは全身大丈夫だから」

「ほんとに？　ヤバ！」

「ヤバって、なあに？」

「なにが？」

「なにがって、ヤバいって、なんなの」

「……え」

「ｉＰａｄみてないで答えなさい」


ｉＰａｄばかりみている娘にため息をつく。

そういえば、このｉＰａｄは母がホスピスに入った際、毎週末名古屋に向かおうと娘に提案したとき、せがまれ購入したものだった。

「おばあちゃんとこに行こう、学校ない日に」

「どうやって、行くの？」

「クルマ、ママの」

「えーいやだ、ひまだもん」

「じゃあいいよ。新幹線と電車で」

「えーいやだ」

「二択だから！　どっちもいやなんじゃないの」

「だって、毎週は、いやだ」

「ずっとじゃないから」

「いつまで？」

「いつまでって、それはわからないけど」

「だいたい」

「だいたいって、いつ頃おばあちゃん死ぬかなあ、みたいなことになるから！」

「そういうこと言うママ嫌い」

「だからさ、いつ頃って言われると、そういうことに、なるわけ」

「おばあちゃん死んでほしくないもん」

「そうだね」

「死んでほしくないもん」

「そうだね、ごめんね、ごめんていうか、ごめんね」

「毎週は、いやだ」

「おばあちゃん、会えるの楽しみにしてるよ」

「だから、たまに、行く」

「まあ、とりあえず、今週来週は行こう。よし、行こう」

「……」

「おばあちゃん喜ぶよ」

わたしは、母の元へ1人で行くのは心許ないし、時間を2人でどう過ごしてよいかわからないから、そんな理由もあって娘を強く誘った。

「クルマの中、ひまだから」

「ラジオ聴いたら？」

「いやだ」

「じゃあ、ママの携帯、かしてあげるから」

「ママ返してって言うから」

「そりゃね、電話とかかかってきたら」

「だから、アイパッド買ってください」

「え」

「iPad買ってください」

「えー」

「iPad！　iPad！　ママーアイパッドー！」

「いや、iPadは早いでしょう」

「みんな持ってる」

「絶対みんな持ってないから」

「持ってる」

「みんな、の使い方おかしいから」

「ともだちは、持ってる」

「そんなね、まだ使いきれないから。ママだって、パソコン使えない」

「ママはね」

「なに？」

「ママは何も使えない」

「ちょっと」

「そういうのが、使えない。だけど、使えるものもあるよ」

「なに？」

「いま思い浮かばない」

「なんなのよ」

「iPad。ありがとう～ママ」

「うーーん」

「おばあちゃんとこ、行くね」

というわけで購入したiPad。こりゃダメだ。わたしは、失格。いや、成長中。


娘は毎日お弁当を持っていく。わたしはかれこれ、幼稚園時代から8年ほどお弁当を作り続けている。偉いもので、10分足らずで毎朝お弁当を完成させる素早さが身についた。とはいえ、作り置きや一品ずつ冷凍してあるもの、冷凍食品にもお世話になっている。キャラ弁には程遠く、茶色いオカズが目立つ。

母に作ってもらったお弁当を思い出した。わたしはずっと給食だったので、お弁当を持っていく機会は、運動会くらいだった。母は自分も教師だったので、勤め先の学校の運動会とかぶるともちろん来られなかったが、何度か、来てくれた記憶がある。母が来てくれると、嬉しかった、という記憶が残っている。授業参観には、おばあちゃんが来てくれた。おばあちゃんは、おばあちゃんにはみえないくらい若かった。多分、当時50歳くらいだったのだと思うが、友達はおばあちゃんだとは思っておらず、母親だと思っていた。

「さやかちゃんのお母さんて、おばあちゃんみたい！」

「すごい老人！」

ひどい言われようである。

子どもだったわたしは、それが嫌で嫌で、おばあちゃんが学校に来るのを断固拒否した。それでも、おばあちゃんは参観があると必ず来て、控えめに他の父母の後ろに隠れるのだった。だけど、子どもたちはおばあちゃんをみつけ、

「また来た！　ばあさんみたいなお母さん！」

と言うのだった。

だから、若く美しい母が、友達の前にくるのは、とても嬉しいことだった。たとえ、一生懸命毎日踊って覚えた春駒を褒めてくれなくても、リレーで負けて「いかんがね」と言われても、それでも嬉しかった。

お昼には、チェックのビニールシートを出して、お弁当を広げた。父も学校の教師で、しかも小学校勤務だったので、ほとんど運動会には来なかった。

母と祖母と、弟とわたしと。ビニールシートの上で母の作ったお弁当を開けた。そこには、ベタベタとしたおにぎり、ノリがふにゃふにゃで辛うじてくっついているもの、手にもつとノリがこちらにくっついてきて、ああもう、となるやつ。一面だけ真っ黒に焦げて、あとの部分は生を思わせるウインナー、卵焼きなんだろうが、ものすごく薄い、味のないもの、たまに異常にしょっぱいもの。

母のお弁当といえば、だいたいそんな感じだった。

母は、料理が得意ではなかったし、多分当時は好きでもなかった。わたしたちのごはんは、いつもおばあちゃんが作ってくれていたし、週末の夜は外食が多かった。誕生日には、ステーキの「あさくま」に行った。バニラアイスの上に花火が乗って運ばれてきた。それが楽しみで、わたしは、「どこがいい？」と聞かれると、必ず「あさくま！」と答えていた。

つい昨年、30年ぶりに「あさくま」に行った。静岡の「あさくま」に友人と入ったのだ。懐かしいなぁーと思いながら、もちろん当時とはメニューも多分違うし、土地によって内容も違うだろう。だけど、懐かしかった。サラダバーとスープバーをとり、席につき、コーンスープを口にしたとき、ふっと母を思い出し、涙が出そうになった。わたしの母の思い出が蘇《よみがえ》る味は、これだった。

「あさくま」のコーンスープ。

「ママのお弁当よりパパの作ったお弁当の方がいい」

娘が不服そうにこちらをみていた。

パパは2駅離れたところに住んでいて、娘は週に1度、パパ宅に泊まりにいき、そこから学校に通う。

「ママのお弁当のどこがイヤなの？」

「なんか」

「なんか？」

「きたない」

「ちょっと！」

「聞かれたから」

「聞いたからねー。どんなの入れてほしいの？」

「みなみのお弁当に入ってるのを入れてほしい」

「どんなの？」

「おみくじ付きの、スイートポテト」

「おみくじ？　おみくじがついてるの？」

「ついてる」

「いらないでしょう、お弁当の時間におみくじ」

「いる。何いれてほしいかママが聞いたから」

「聞いたからねー。わかりました」

「サミットに売ってるから」

「調べたの？」

「うん、近くのサミットじゃない方のサミットにあるって」

「わかりました」

「パパんちの近くの方の、サミット」

「わかった」

「いま買いにいって」

「明日行くね」

「いま行って」

時にわたしは奴隷のような扱いになる。そして、時に言いなりである。

「わかりました。行ってきます。お弁当の彩り問題はブロッコリーで解決します。緑色だからキレイだから」

「あんまりブロッコリーにばっかり頼らないで」

「わかりました。いや、わからないから！」

「ありがとう」「ごちそうさま」「いただきます」を言いなさいと言わないと言わない。言っても言わないときもある。

「挨拶やマナーは大事なんだよ、大人になってからわかるから」とわたしはしつこく彼女に迫る。

気づくとわたしは、「ありがとうと言わせたがりおばさん」になっている。娘はふてくされる。

わたしはいつもすぐに母としての自信を失い、「もういい」と現実逃避に入る。息が詰まるときがある。ママは、ママじゃない時間も、ほしいの。

そんなとき、近くに住む友人が、

「子育てに答えはないよ！」

と励ましてくれる。

そして、娘には、

「ママを大事にしなさい」

と声をかけてくれる。

そしてわたしにそっと、

「さみしいんだと思うよ」

と教えてくれる。


日々の生活に追われ、娘と向き合ってなかったと一瞬の反省と共に、短い時間でもいいから笑いながらごはんを食べようと、そこに立ち戻る。


毎日は忙しい。

いろんなことを経験したって、とても未熟だ。イライラするし、傷つくし、大切な人を傷つけることもあるし、消えてなくなりたい夜もある。

母が生涯抱えていたであろう生きづらさのようなものを、わたしが引き継いでいるような気がする。その因果を娘に渡したくなくて、それと自分の残りの人生のために、わたしは生き方を変えることにした。１８０度変えてみるんだ。正義だと思っていた人の悪口も言わないことにした。怒らないことにした（できるだけ）。一生分怒ってきた気すらするから。あとは、笑って生きていこう。


「ねえ」

「なに、ママ」

「おばあちゃんのことで一番思い出に残ってることって、なに？」

「よく覚えてない」

「あ、そう」

「おばあちゃんのこと大好きだったってことだけは、覚えてる」

「そう」

「うん」

「よかったね」

「おばあちゃん、死んでほしくなかった」

「大丈夫、いなくなったのは、ただの肉体だから」

「ただの肉体とか言うママきらい」

「あ、そう」

「そういうこと言ってないから」

「あ、そう」

「ママ、死なないでね」

「ママは死にます、いつか死にますけど、ただの肉体がなくなるだけですから」

「だから、そう言うことというママきらい」

「ママは、あなたが大好き」

「は？」

「あなたが、わたしを嫌いでもね、ママは大好きというわけ」

「いま、そんな話してないから」

「あ、そう」

「ママ」

「なに」

「今日一緒に寝ようね」

「うん」

「猫とママと寝る」


生意気で、ママより友達がいい、になってきた娘は、今日もわたしのベッドに入ってきて眠る。

あとがき

ホスピスに通った夏から秋。

葛藤も苦悩も苛立《いらだ》ちも感じたけれど、わたしが最後に母との関係を修復しようと臨んだとき、母もまた、わたしとの別れを母なりにいいものにしたいと思っているのだと感じた。

わたしより弟を愛していると思っていた、
わたしよりわたしの娘を大切に思っていると思っていた。
実際のところはわからないけれど、
母との最後の2人の時間に、
この人はわたしを愛しているのだ、
と感じた。
そして、孤独が少し、埋まっていった気がする。

わたしが本当にほしかった、母の絶対的な愛情は、あの夏から秋に、もらえたような気がしている。それは、この先の人生を生きやすくしてくれる。

さあ、なにをしようか。

恩師が教えてくれた、

「死んでもできる親孝行」

親は子どもが人に迷惑をかけずに楽しく笑いながら生きてくれることを願っている。

もしわたしが死んだら、娘にはわたしを思い出して涙するより、彼女の人生を楽しんで笑っていてほしい。お母さんもきっとそうだね。

だから、慣れないが、その世界にチャレンジしてみようと思う。


国語の教師だった母と共に、この本を書いているような錯覚にも陥った。ということで共著ということにさせていただこうかな、と思います。

謝辞

10年前、婦人公論編集長の三木哲男さん（現書籍編集局長）に、母との確執の記事を婦人公論内で書いていただきました。そして1年前、久しぶりにたまたまお会いした三木さんは、わたしに「お母さんお元気ですか？」と声をかけてくださいました。「母は亡くなりましたけどね、いいお別れができたんですよ」と返したところから、「親の看取り方」という特集の号に、母との最期の話をさせていただきました。

そこから1年。婦人公論．ｊｐで書きはじめたエッセイを多くの方に読んでいただき、この本を作ることに繋がりました。縁って、不思議です。

全てのきっかけをくださった三木さん。

隣で同じ歩幅で寄り添いながら的確なアドバイスをくださる川口由貴さん。

一から一番近くで時に頭を抱えながら考え、共に本を作ってくださった齊藤智子さん。

何度も読者の目という視点から原稿を読み続け、直し続けてくれた堀越勝広マネージャー。

素敵な絵と装幀で本を彩ってくれた、庄野紘子さん、西村真紀子さん。

母が大好きだった、青いリンドウの挿絵を描いてくださったわたしの尊敬する画伯白岩伸介さん。

LINEで書いた原稿をプリントアウトし文章を整え、泣いて笑って褒めておしりを叩き続けてくれた岡宗真由子さん。

「ママ頑張って！」と、ママが何をしているかわからないけれど励ましてくれた愛する娘。


そして、この本を手にとってくださった全てのみなさんに。

ありったけの感謝をこめて。

本書は、WEBサイト「婦人公論.jp」の連載
「47歳、おんな、今日のところは『○○』として」
（2020年6月～2021年4月掲載分）をもとに
加筆・修正し収録したものです。

青木さやか

1973年、愛知県生まれ。大学卒業後、
フリーアナウンサーを経てタレントの道へ。
「どこ見てんのよ!」のネタでバラエティ番組でブレイク。
2007年に結婚、2010年に出産。2012年に離婚。
バラエティ番組やドラマ、舞台などで幅広く活躍している。

母《はは》

2021年5月10日　初版発行
2022年12月20日　6版発行

著　者　青木《あおき》さやか
発行者　安部順一
発行所　中央公論新社
〒100-8152 東京都千代田区大手町1-7-1
電話(販売)03-5299-1730　(編集)03-5299-1740
URL https://www.chuko.co.jp/

DTP　嵐下英治
印　刷　図書印刷
製　本　大口製本印刷

Published by CHUOKORON-SHINSHA, INC.
Printed in Japan ISBN978-4-12-005431-0 C0095